039-or Abb.: rh

REISE KNOW-HOW im Internet

Aktuelle Reisetips und Neuigkeiten
Ergänzungen nach Redaktionsschluß
Büchershop und Sonderangebote
Weiterführende Links zu über 100 Ländern

http://www.reise-know-how.de/

Der
Reise Know-How Verlag
Peter Rump GmbH
ist Mitglied der Verlagsgruppe
REISE KNOW-HOW

Rainer Höh
Orientierung mit Kompass
und GPS

Allein er
hatte die allmählichen Veränderungen beobachtet,
den Sonnenstand, die Steigungen des Bodens –
er wusste, wo es zurückging.

Sten Nadolny, „Die Entdeckung der Langsamkeit"

Impressum

Rainer Höh
Orientierung mit Kompass und GPS
erschienen im
Reise Know-How Verlag Peter Rump GmbH
Osnabrücker Straße 79, 33649 Bielefeld

© Peter Rump
1. Auflage 1999
Alle Rechte vorbehalten.

Gestaltung

Umschlag: G. Pawlak, P. Rump (Layout), G. Pawlak (Realisierung)
Inhalt: G. Pawlak (Layout), A. Schwarz (Realisierung)
Fotos: Rainer Höh (rh), Onneken Meß- und Prüftechnik (Silva),
    Peter Rump (pr), Wolfram Schwieder (ws)
Zeichnungen: Antonina Lorys (al), der Verlag (ia)

Druck und Bindung

Fuldaer Verlagsanstalt GmbH, Fulda

ISBN 3-89416-755-6
Printed in Germany

Wir freuen uns über Kritik, Kommentare und Verbesserungsvorschläge.

Alle Informationen in diesem Buch sind von den Autoren mit größter Sorgfalt gesammelt und vom Lektorat des Verlages gewissenhaft bearbeitet und überprüft worden.

Dieses Buch ist erhältlich in jeder Buchhandlung der BRD, Österreichs, der Niederlande und der Schweiz. Bitte informieren Sie Ihren Buchhändler über folgende Bezugsadressen:
BRD
    Prolit GmbH, Postfach 9, 35461 Fernwald (Annerod)
    sowie alle Barsortimente
Schweiz
    AVA-buch 2000, Postfach 27, CH–8910 Affoltern
Österreich
    Mohr Morawa Buchvertrieb GmbH
    Sulzengasse 2, A–1230 Wien
Niederlande
    Nilsson & Lamm BV, Postbus 195, NL–1380 AD Weesp

Da inhaltliche und sachliche Fehler nicht ausgeschlossen werden können, erklärt der Verlag, daß alle Angaben im Sinne der Produkthaftung ohne Garantie erfolgen und daß Verlag wie Autoren keinerlei Verantwortung und Haftung für inhaltliche und sachliche Fehler übernehmen.

Wer im Buchhandel trotzdem kein Glück hat, bekommt unsere Bücher direkt bei: **Rump Direktversand,** Heidekampstraße 18, D–49809 Lingen (Ems) oder über den **Büchershop** auf der Homepage: www.reise-know-how.de

Die in diesem Buch erwähnten Produktnamen, Materialbezeichnungen und Firmennamen sind in den meisten Fällen auch eingetragene Warenzeichen und unterliegen als solche den gesetzlichen Bestimmungen.

Rainer Höh

Orientierung
mit Kompass
und GPS

Inhalt

Vereinfachte Orientierung

Himmelskörper

Verirrt – aber nicht verloren

GPS-Orientierung

Anhang

Orientierung bedeutet eigentlich nur: wissen, wo man sich befindet und in welcher Richtung man sein Ziel erreicht. Nichts weiter. Trotzdem hat sich die Orientierung zu einer Wissenschaft entwickelt, die so komplex erscheint, dass viele sich davon abschrecken lassen. Zu unrecht; denn was man auf Wanderungen und Wildnistouren für die Orientierung braucht, ist längst nicht so knifflig wie man glaubt und erfordert in den allermeisten Fällen nicht einmal einen Kompass. Was jedoch keineswegs heißen soll, dass man auf den Kompass ganz verzichten oder die Grundbegriffe der Kompassorientierung völlig vernachlässigen kann! Um die Orientierung mit Karte, Kompass, Höhenmesser und GPS möglichst klar und verständlich darzulegen, werde ich mich in diesem Buch auf die wesentlichen Grundlagen beschränken, um nicht durch komplizierte Techniken zu verwirren, die man in der Praxis doch nie braucht.

Von den allermeisten Touren in einer durch Berge und Täler gegliederten Landschaft kann man problemlos wieder zurückkehren, ohne den Kompass auch nur ausgepackt zu haben. In anderen Regionen (wie flachen Wüsten, Steppenebenen oder dichten Waldgebieten) ist das natürlich anders. Auf meinen Touren war ich fast immer im Bergland unterwegs, und die Situationen, in denen ich wirklich auf den Kompass angewiesen war, lassen sich an einer Hand abzählen. Wenn man ein grobes Bild der Gegend im Kopf hat, kann man notfalls sogar einige Zeit ohne die Landkarte auskommen, indem man sich an den Bergzügen und Tälern orientiert. Goldgräber und Trapper haben die gesamten Rocky Mountains und ganz Alaska ohne eine Landkarte durchstreift und sich dabei nur am System der Wasserläufe orientiert (von dem sie allerdings eine recht genaue Karte im Kopf hatten).

Trotzdem sollte man unbedingt auf jeder Tour gute ***topografische Karten*** des gesamten Gebietes, das man durchwandern will, bei sich haben und **ständig benutzen**. Und genau dasselbe gilt auch für den **Kompass**. „Warum?", wird mancher denken, „wenn ich das Ding eh fast nie brauche?!" – und dann lässt man ihn zu Hause oder versenkt ihn irgendwo im Rucksack. Falsch!

Der Kompass ist wie ein Rettungsfallschirm. Den braucht man auch fast nie – aber wenn, dann ganz dringend! Und dann muss man ihn nicht nur griffbereit haben, sondern auch den Umgang wie im Schlaf beherrschen. Wer zu seinem Rettungsfallschirm im Notfall erst noch die Gebrauchsanleitung lesen muss, der hat kaum eine Chance, ihn noch sinnvoll nutzen zu können. Und für den Kompass gilt das ebenso!. Deshalb sollte man ihn nicht nur für Notfälle im Rucksack versenken, sondern stets in der Brusttasche tragen und möglichst oft benutzen – schon um den Umgang damit einzuüben. Für Gebiete und Routen mit erschwerter Orientierung ist dies natürlich sowieso ein Muss.

Besonders wer noch über wenig Erfahrung im Umgang mit Karte und Kompass verfügt, sollte unterwegs möglichst **häufig die Landschaft mit der Karte vergleichen, seine Route ständig auf der Karte verfolgen und die grundlegenden Kompasstechniken einüben!** Auch solange man noch ganz gut ohne Kompass zurecht kommen würde. So schult man seinen Blick für die Landkarte und beherrscht die Kompassorientierung bald im Schlaf. Und last not least weiß man dann jederzeit genau wo man ist. Greift man erst zu Karte und Kompass, wenn man sich schon verlaufen hat, dann ist es meist zu spät und entweder unmöglich oder zumindest erheblich schwieriger, seinen Standort zu bestimmen. Falls gar Nebel aufgezogen ist oder keine markanten Orientierungspunkte auszumachen sind, steht man selbst mit Karte und Kompass recht hilflos da.

Rainer Höh

9

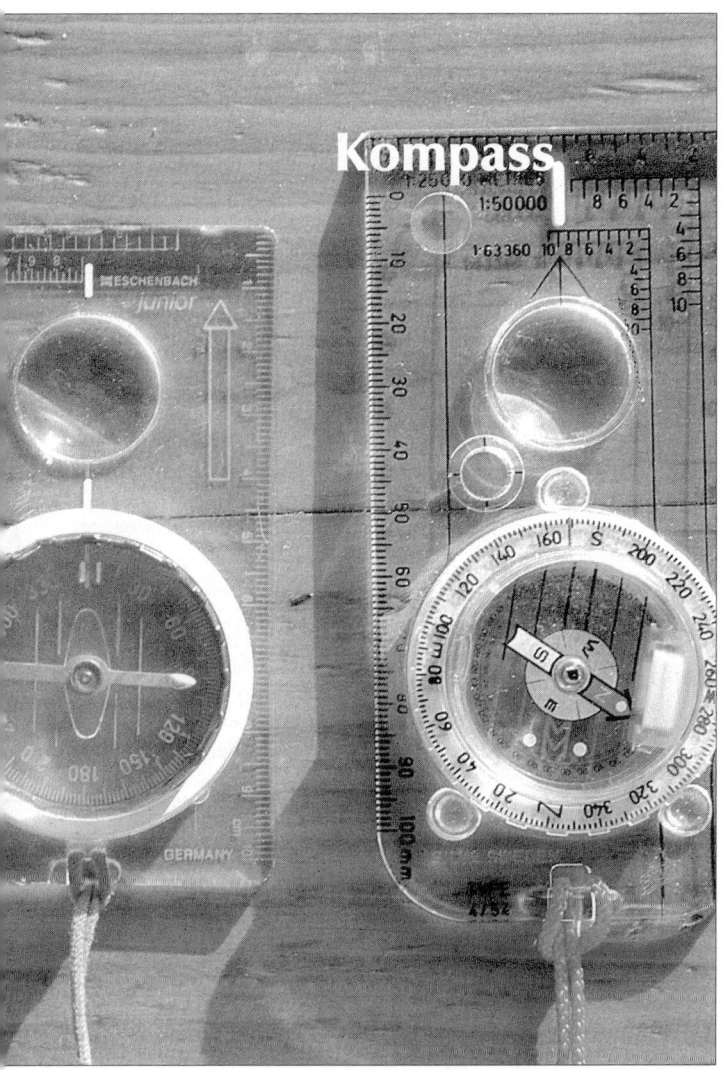

Orientierung ohne Kompass

Von den allermeisten Touren in einer durch Berge und Täler gegliederten Landschaft kann man problemlos wieder zurückkehren, ohne den Kompass auch nur ausgepackt zu haben. In anderen Regionen (wie flachen Wüsten, Steppenebenen oder dichten Waldgebieten) ist das natürlich anders. Auf meinen Touren war ich fast immer im Bergland unterwegs, und die Situationen, in denen ich wirklich auf den Kompass angewiesen war, lassen sich an einer Hand abzählen. Wenn man ein grobes Bild der Gegend im Kopf hat, kann man notfalls sogar einige Zeit ohne die Landkarte auskommen, indem man sich an den Bergzügen und Tälern orientiert. Goldgräber und Trapper haben die gesamten Rocky Mountains und ganz Alaska ohne eine Landkarte durchstreift und sich dabei nur am System der Wasserläufe orientiert (von dem sie allerdings eine recht genaue Karte im Kopf hatten!).

Trotzdem sollte man unbedingt auf jeder Tour gute **topografische Karten** des gesamten Gebietes, das man durchwandern will, bei sich haben und **ständig benutzen**. Und genau dasselbe gilt auch für den **Kompass**. „Warum?", wird mancher denken, „wenn ich das Ding eh fast nie brauche?!" – und dann lässt man ihn zu Hause oder versenkt ihn irgendwo im Rucksack. Falsch! Der Kompass ist wie ein Rettungsfallschirm. Den braucht man auch fast nie – aber wenn, dann ganz dringend! Und dann muss man ihn nicht nur griffbereit haben sondern auch den Umgang wie im Schlaf beherrschen. Wer zu seinem Rettungsfallschirm im Notfall erst noch die Gebrauchsanleitung lesen muss, der hat kaum eine Chance, ihn noch sinnvoll nutzen zu können. Und für den Kompass gilt das ebenso! Deshalb sollte man ihn nicht nur für Notfälle im Rucksack versenken sondern stets in der Brusttasche tragen und möglichst oft benutzen – schon um den Umgang damit einzuüben. Für Gebiete und Routen mit erschwerter Orientierung ist dies natürlich sowieso ein Muss.

Besonders wer noch über wenig Erfahrung im Umgang mit Karte und Kompass verfügt, sollte unterwegs möglichst *häufig die Landschaft mit der Karte vergleichen, seine Route ständig auf der Karte verfolgen und die grundlegenden Kompasstechniken einüben!* Auch solange man noch ganz gut ohne Kompass zurechtkommen würde. So schult man seinen Blick für die Landkarte und beherrscht die Kompassorientierung bald im Schlaf. Und last not least weiß man dann jederzeit genau, wo man ist. Greift man erst zu Karte und Kompass, wenn man sich schon verlaufen hat, dann ist es meist zu spät und entweder unmöglich oder zumindest erheblich schwieriger, seinen Standort zu bestimmen. Falls gar Nebel aufgezogen ist oder keine markanten Orientierungspunkte auszumachen sind, steht man selbst mit Karte und Kompass recht hilflos da.

Kompass

Was ist ein Kompass?

„Was ist eigentlich ein Kompass?" – Mit dieser Frage habe ich oft bei meinen Wildniskursen die Thematik „Kompassarbeit" eingeleitet. Und? Was würden Sie sagen? Genau das war auch die häufigste Antwort: „Ein Instrument, das die Nordrichtung zeigt." Diese Antwort ist nicht falsch, aber auch nicht ganz richtig. Vor allem trifft sie nicht den Kern. Gewiss zeigt die Kompassnadel in Richtung Norden. Aber erstens gibt es nicht weniger als drei verschiedene Nordrichtungen (s. u.). Und zweitens: Was hilft es uns, eine dieser Nordrichtungen zu kennen?

Zunächst einmal gar nichts oder nicht viel – es sei denn unser Zielpunkt liegt von unserem derzeitigen Standpunkt aus zufällig genau in Richtung Magnetisch-Nord. Dann – und nur dann – können wir einfach der Richtung folgen, in die die Nadel weist.

Aber in mindestens 999 von tausend Fällen wird Ihr Zielpunkt eben nicht genau in dieser Richtung liegen.

Was dann? Dann haben Sie zumindest eine feste **Bezugsrichtung**, die Sie auf dem weiteren Marsch jederzeit rasch bestimmen können – selbst im dichten Wald oder im Nebel. Das ist die Richtung, in die die Kompassnadel weist. Um etwas damit anfangen zu können, müssen Sie nur messen, in welcher Richtung Ihr Ziel **in Bezug** auf die Richtung der Kompassnadel liegt. Das heißt: Sie müssen den Winkel bestimmen, um den das von Ihnen angepeilte Ziel von der Richtung abweicht, die die Kompassnadel zeigt. Und damit wären wir bei der eigentlichen Aufgabe des Kompasses angelangt. In allererster Linie ist der Kompass nämlich ein **Winkelmesser**. Mit seiner Hilfe können Sie den Winkel zwischen der festen und (zu einer bestimmten Zeit und an einem bestimmten Ort) stets konstanten **magnetischen Nordrichtung** einerseits und der von Ihnen **angepeilten Richtung** andererseits bestimmen. Dieser Winkel wird mit Hilfe des Kompasses fixiert, und Sie können ihn dann von der Karte in die Natur übertragen (um Ihre Marschrichtung festzulegen) oder von der Natur auf die Karte (um Ihren Standpunkt zu bestimmen). Das ist im Grunde schon alles!

Kompass und Landkarte

Die **topografische Karte** ist das mit Abstand wichtigste Hilfsmittel zur Orientierung auf jeder Tour (auch auf Tagestouren!), und der Umgang mit ihr sollte bei jeder Gelegenheit geübt werden. Die Grundlagen des Kartenlesens und eine Fülle von praktischen Tips und Tricks enthält das in der gleichen Reihe erschienene Buch **„Richtig Kartenlesen"**, so dass ich hier auf Einzelheiten der Karte nicht mehr eingehen muss.

Die Karte ist aber zugleich auch eine wichtige **Grundlage für die Kompassarbeit**, denn das Ziel, das man ansteuert, ist unterwegs nur in den seltensten Fällen tatsächlich sichtbar. Deshalb muss man den Winkel zwischen Nord- und Zielrichtung auf der Karte messen und dann in die Natur übertragen, um die Marschrichtung zu diesem Ziel zu bestimmen. Um für die Kompassarbeit brauchbar zu sein, muss die Landkarte eine wesentliche Voraussetzung erfüllen, die hier nochmals dargestellt werden soll, ehe wir mit der eigentlichen Kompassarbeit beginnen können.

Wolfram Schwieder:
„Richtig Kartenlesen"
Reise Know-How
Verlag Peter Rump
GmbH
ISBN 3-89416-753-X

Gitterlinien auf der Karte

Für die Arbeit mit dem Kompass sind auf der Karte senkrechte Gitterlinien (Nordlinien) im Abstand von höchstens 4 cm (besser 2 cm) unverzichtbar.

Auf den topografischen Karten mancher Länder ist das **Gitter bereits aufgedruckt;** z. B. Norwegen, Kanada (geodätisches Gitter) und Schweden (geografisches Gitter). Bei anderen ist es nur durch **Kreuzungspunkte** markiert, die man bereits vor der Tour durch dünne Striche in Nord-Süd-Richtung verbinden sollte. Manchmal ist das **Gitter nur im Rahmen** angegeben (beispielsweise in Deutschland) und muss dann unbedingt vor der Abreise eingetragen werden, indem man die entsprechenden Punkte auf dem oberen und unteren Kartenrand mit Hilfe eines langen Lineals verbinden. Je exakter man dabei arbeitet, desto genauer wird unterwegs die Orientierung. Außerdem sollte für eine sinnvolle Kompassarbeit auf der Karte die Abwei-

Norden! – Norden?

Entsprechend den unterschiedlichen Nordrichtungen (s. u. „Wo ist Norden?") gibt es auch drei verschiedene Arten von Nordlinien. Um nicht gleich bei der Darstellung der Grundlagen zu verwirren, ignorieren wir dies zunächst und tun so, als gäbe es nur eine Nordrichtung.

(Näheres dazu s. u. „Wo ist Norden?") chung der magnetischen Nordrichtung von der Nordrichtung des Kartengitters angegeben sein.

Wie sieht ein Kompass aus?

Wer zum ersten Mal einen Kompass kaufen will, der wird staunen, wie viele verschiedene Arten und Modelle es gibt: vom einfachsten **Taschenkompass**, der aus nicht viel mehr als einem Gehäuse und einer Magnetnadel besteht (und sogar als Schlüsselan-

▼ *Linealkompass*

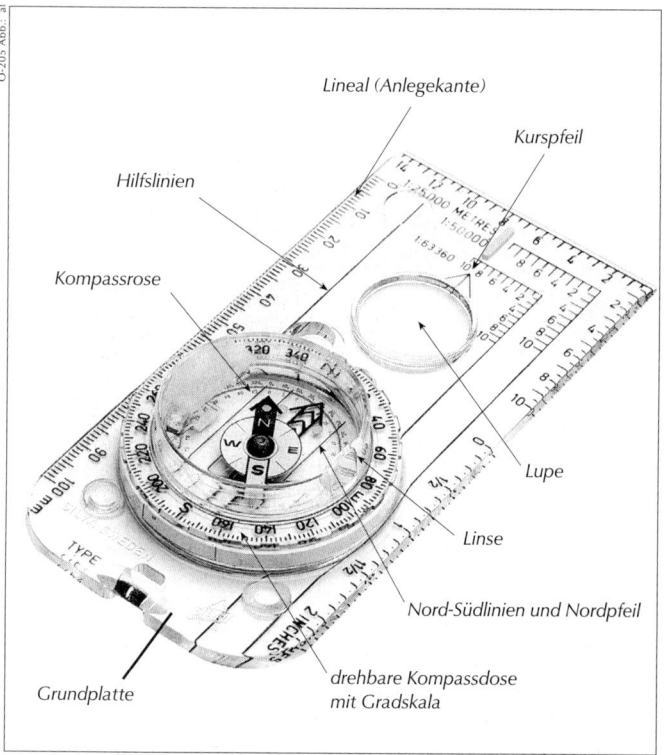

Lineal (Anlegekante)

Kurspfeil

Hilfslinien

Kompassrose

Lupe

Linse

Nord-Südlinien und Nordpfeil

Grundplatte

drehbare Kompassdose mit Gradskala

hänger oder Bestandteil des „Survival-Messers" erhältlich ist) und der nichts anderes kann, als die magnetische Nordrichtung weisen, über den früher sehr beliebten **Bézard-Kompass** bis zum besonders genauen und recht teuren **Peilkompass**.

Deutlich übersichtlicher wird das Angebot jedoch bereits dadurch, dass alle bisher genannten Typen und eine Reihe weiterer Spezialmodelle für Orientierungszwecke nicht oder nur eingeschränkt tauglich sind und daher von vornherein ausscheiden.

▼ *Spiegelkompass*

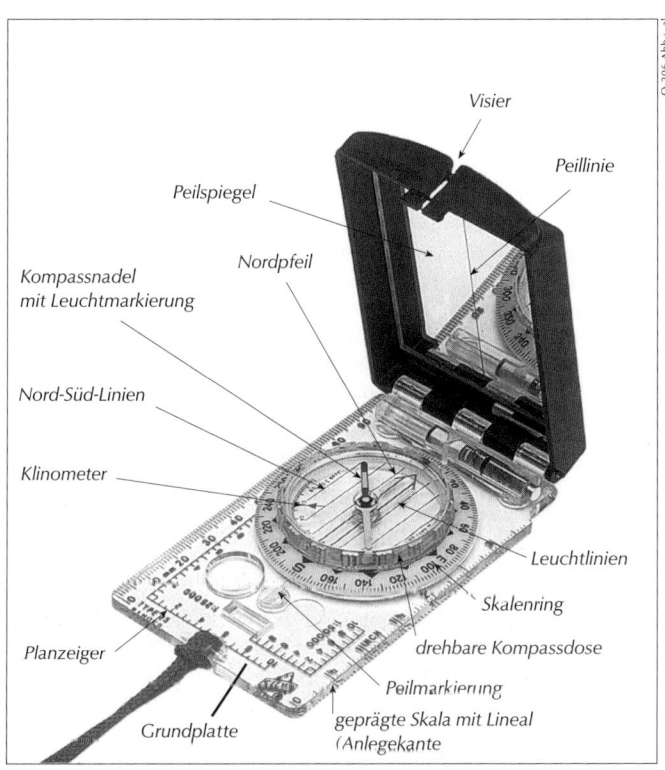

Visier

Peillinie

Peilspiegel

Nordpfeil

Kompassnadel mit Leuchtmarkierung

Nord-Süd-Linien

Klinometer

Leuchtlinien

Skalenring

drehbare Kompassdose

Planzeiger

Peilmarkierung

geprägte Skala mit Lineal (Anlegekante)

Grundplatte

O-206 Abb.: al

Kompass

KOMPASS

Für Wanderungen, Rad-, Ski-, Kanutouren etc. kommt heute eigentlich nur noch ein moderner **Orientierungs- (oder OL-)kompass** in Frage, der in zwei Kategorien angeboten wird: als **Lineal-** oder als **Spiegelkompass.**

Auf den ersten Blick mögen die Lineal-Modelle wie ein billiges Plastikspielzeug aussehen. Aber lassen Sie sich nicht täuschen: Selbst der einfache Linealkompass ist ein komplettes Navigationssystem und erstaunlich präzise (trotz seines günstigen Preises). Und vor allem: Er erleichtert die Kompassarbeit im Vergleich zu früher ganz erheblich. Man muss heute die Karte nicht mehr jedesmal umständlich ↗einnorden, man braucht weder Winkelmesser noch Bleistift, man muss sich keine ↗Marschzahlen mehr merken, ja man braucht in den meisten Fällen nicht einmal mehr die Gradzahl abzulesen.

Bestandteile des Kompasses

Um seine Aufgaben nämlich Standortbestimmung und Kursbestimmung zu erfüllen, muss der Kompass folgende Teile besitzen:

● eine **durchsichtige, drehbare Kompassdose** mit **Nordlinien** am Boden
● eine **Kompassnadel** und eine ↗**Nordmarke,** die man nach der Kompassnadel ausrichten kann, und
● eine ↗**lange Anlegekante** (Lineal), um ohne weitere Hilfsmittel zwei Punkte auf der Karte verbinden zu können.

Außerdem sollte er auf jeden Fall **flüssigkeitsgedämpft** sein, damit sich die Nadel rasch einpendelt und ruhig steht.

Ein Kompass, der **nicht** über diese Merkmale verfügt, zeigt zwar ebenfalls die Nordrichtung an, ist aber für eine sinnvolle Kompassarbeit kaum zu gebrauchen, da er nicht die Möglichkeit bietet, den Winkel zwischen Nordrichtung und Zielrichtung zu bestimmen. Dazu gehören beispielsweise billige Ta-

Einnorden
bedeutet, dass die Karte entsprechend dem Gelände ausgerichtet wird; d. h. dass der obere Kartenrand tatsächlich nach Norden zeigt.

Marschzahl
Bezeichnung für den Kompasswinkel, der den Kurs zu einem Ziel angibt.

Nordmarke
Markierung, die das Nordende der Nordlinien kennzeichnet; je nach Modell durch ein „N", eine Pfeilspitze, zwei kurze Parallelen oder durch zwei Punkte markiert.

Anlegekante – Lineal
Beide Begriffe werden gleichbedeutend verwendet.

schenkompasse, die rund sind, keine Anlegekante besitzen, aber auch relativ teure Modelle mit undurchsichtiger Dose und ohne Nordlinien.

Welcher Kompass für welchen Zweck?

Für die Nahorientierung in Mitteleuropa genügt ein einfacher **Linealkompass;**

für die Orientierung im Gebirge und auf dem Wasser sollte es ein **Spiegelkompass** sein,

und in Regionen mit stärkerer Deklination ist ein Modell mit einem **verstellbarem Missweisungsausgleich** (s. u.) zu empfehlen.

Vorteile des Spiegelkompasses

Mit Hilfe des Spiegels kann man einen Punkt anvisieren und gleichzeitig die Magnetnadel beobachten, und die Visiereinrichtung erlaubt ein exakteres Peilen als die Linealkante.

Beides zusammen ergibt zuverlässigere Resultate und ist besonders für die Fernorientierung im Gebirge und auf dem Wasser wichtig. Außerdem bietet das Visier die Möglichkeit, auch höher oder tiefer gelegene Punkte anzupeilen und dabei die Grundplatte trotzdem waagerecht zu halten, so dass die Nadel frei schwingen kann (das ist beim Linealkompass so nicht möglich).

Die Peillinie auf dem Spiegel zusammen mit der Peilmarkierung verringert zudem das Risiko des Verkantens (s. u.). Und schließlich verlängert der aufklappbare Deckel (wenn er richtig konstruiert ist) die Anlegekante beträchtlich.

> ### West-Ost-Band
> *Lassen Sie sich keinesfalls vom Händler weismachen, ein West-Ost-Band auf der Kompassdose erfülle den gleichen Zweck wie die Nordlinien, da man dieses Band ja an den Ortsnamen ausrichten könne, die stets genau in West-Ost-Richtung verlaufen.*
> *Erstens stehen die Orstnamen selten an der Stelle, an der man sie gerade braucht,*
> *zweitens sind sie für eine exakte Arbeit oft zu kurz und als Schriftzug nicht so genau wie eine Linie,*
> *drittens wird die Missweisung stets als Abweichung von den senkrechten Linien angegeben und vor allem: wo um alles in der Welt wollen Sie bei einer Wildnistour Ortsnamen hernehmen?!*

Tips zum Kompasskauf

Bei den einzelnen Bestandteilen des Kompasses ist auf folgende Merkmale zu achten:

Größe und Form

Der Kompass muss so geschaffen sein, dass man ihn jederzeit in der Brusttasche tragen kann. Wer seinen Kompass im Rucksack verstauen muss, wird ihn meist erst dann herausholen, wenn es vielleicht schon zu spät ist. Der Wanderkompass sollte daher nicht zu groß oder zu schwer sein, möglichst gerundete Ecken besitzen, um den Kleidungsstoff nicht zu strapazieren, und eine Öse mit einer ca. 70 cm langen Schnur haben, damit man ihn sicher befestigen kann.

Kompassdose

Sie muss drehbar sein und einen durchsichtigen Boden mit Nordlinien und einer Nordmarke besitzen. Je größer die Dose, desto länger können die Nordlinien sein und desto exakter werden die Messungen.

▼ *Linealkompass Silva Explorer*

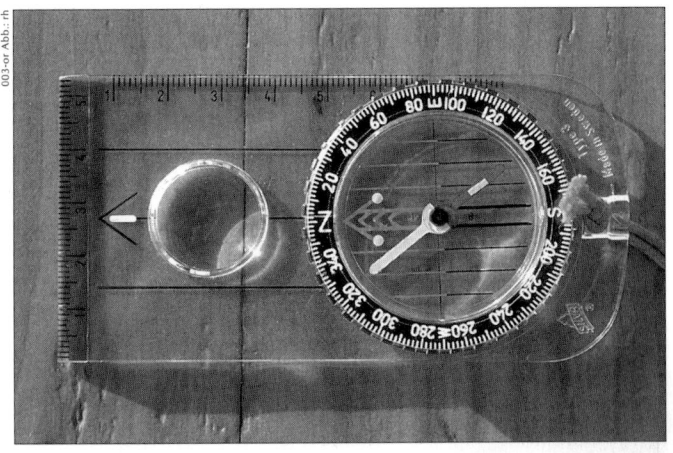

003-or Abb.: rh

Die Dose darf sich nicht zu leicht drehen, damit sie sich nicht versehentlich verstellt, soll aber leicht und ruckfrei laufen. Der Dosenrand sollte griffig sein, damit man auch mit Handschuhen arbeiten kann. Eine hohe Dose mit entsprechender Neigungsfreiheit der Nadel hat den Vorteil, dass man den Kompass auch in anderen Inklinationszonen (s. u.) benutzen kann.

Nordlinien

Die Nordlinien sollten möglichst lang (30–50 mm) sein und sich am Boden der Dose befinden (damit sie direkt auf der Karte aufliegen). Je länger die Nordlinien und je näher an der Karte, desto exakter die Messungen.

Kompassrose

Die Einteilung der Kompassrose in Grad, Gon oder Strich ist für die Orientierungsarbeit unwichtig, da die Winkel im Normalfall gar nicht abgelesen werden müssen. Die Rose darf daher ruhig kleiner und weniger fein unterteilt sein, um mehr Platz für lange Nordlinien zu lassen (näheres zur **Kreisteilung** s. u.).

Kurspfeil

Auf Linealkompassen ist auf dem langen (vorderen) Ende der Grundplatte ein Kurspfeil aufgedruckt, der bei der Orientierung im Gelände in Kursrichtung (bzw. Peilrichtung) zeigen muss. Beim Spiegelkompass befindet er sich auf dem hinteren Ende (da vorn direkt an die Kompassrose der Spiegel anschließt) oder er fehlt ganz, da man den Spiegelkompass auch ohne diese Hilfe kaum verkehrt herum halten wird.

Ablesemarke

Als Markierung zum Ablesen von Kurs- bzw. Peilwinkel dient gewöhnlich das hintere Ende des Kurspfeils; für die reine Orientierung ist das Ablesen dieses Winkels jedoch nicht erforderlich.

Magnetnadel

Die **Nadel** muss möglichst reibungsfrei gelagert und auf jeden Fall **flüssigkeitsgedämpft** sein. Für manche Aufgaben ist es wichtig, dass sie stabförmig ist (d.h. parallele Kanten hat) und geringfügig schmaler als der Abstand zwischen den mittleren Nordlinien. Nordende und Südende sollten deutlich zu unterscheiden sein. Meist ist das Nordende spitz, das Südende stumpf und/oder nur das Nordende ist rot gefärbt, das Südende schwarz. Für die Kompassarbeit bei schlechtem Licht sollten das Nordende der Nadel und die Nordmarke mit **Leuchtmarkierungen** versehen sein.

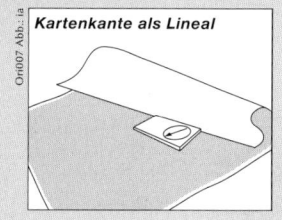

Lineal-Verlängerung

Müssen zwei Punkte verbunden werden, die weiter auseinander liegen als das Lineal lang ist, kann man sich behelfen, indem man eine Kante der Landkarte so umschlägt, dass sie die beiden Punkte verbindet, und dann das Lineal an dieser Kartenkante anlegen.

Ori007 Abb.: ia

Kartenkante als Lineal

Lineal

Das Lineal (Anlegekante) zusammen mit der Dose macht aus dem Kompass einen Winkelmesser und ist daher für unsere Arbeit besonders wichtig. Es sollte möglichst lang sein, damit man auch weiter auseinander liegende Punkte auf der Karte ohne zusätzliche Hilfsmittel verbinden kann. Ein Spiegelkompass muss daher sinnvollerweise so konstruiert sein, dass der Deckel sich ganz aufklappen lässt und das Lineal verlängert.

Grundplatte

Die Grundplatte, auf der sich die drehbare Dose befindet, besteht aus durchsichtigem, schlagfestem Kunststoff. An der Unterseite sollte sie flache **Haftfüßchen** besitzen, damit der Kompass auf der Karte nicht verrutscht, wenn man die Dose dreht. Entlang der Anlegekante ist eine **Millimeterskala** vorteilhaft, um

Entfernungen abzumessen (für manche Modelle gibt es unterschiedliche Skalen für verschiedene Kartenmaßstäbe, die man aufschieben oder aufkleben kann). Ein *Planzeiger* für die Maßstäbe 1:50.000 und 1:25.000 ermöglicht es, die Lage einzelner Punkte auf der Karte rasch zu bezeichnen, und eine in die Platte eingesetzte *Lupe* erleichtert das Zählen der Höhenlinien und das Lesen kleiner Eintragungen.

Spiegel

Ein *stufenlos verstellbarer Spiegel* ermöglicht es, den Kompass stets waagerecht zu halten und beim Peilen die Nadel im Auge zu behalten. Er sollte oben eine Kimme besitzen und eine senkrechte Peillinie (Mittelstrich), die in Verbindung mit der Peilmarkierung die Gefahr des seitlichen Verkantens verringert.

Visiereinrichtungen, die aus schmalen Schlitzen bestehen, sind weniger geeignet, da sie das Blickfeld beschränken und das Auffinden des angepeilten Punktes erschweren.

Missweisungsausgleich

Wer nur in Mitteleuropa wandert, kann darauf verzichten. Für Touren in anderen Regionen hingegen ist ein verstellbarer Missweisungsausgleich dringend zu empfehlen und erleichtert nicht nur die Orientierung, sondern hilft auch Fehler zu vermeiden. Die Abweichung muss dann für ein bestimmtes Gebiet nur einmal eingestellt werden und kann danach bei der weiteren Arbeit unberücksichtigt bleiben. Der Missweisungsausgleich sollte auch unterwegs rasch und einfach einzustellen, zugleich aber gegen unbeabsichtigtes Verstellen geschützt sein. Ist zum Einstellen ein Werkzeug erforderlich (meist ein feiner Schraubenzieher), muss man daran denken, dass man dieses auch mitnimmt und griffbereit hat (ggf. kann man es direkt an der Trageschnur befestigen).

Weiteres Zubehör

Leuchtmarken an Richtungspfeil, Nordmarke und Magnetnadel erleichtern das Arbeiten in der Dämmerung. Manche Modelle besitzen zu diesem Zweck sogar eine kleine eingebaute Beleuchtung.

Eine **Ableselupe** oder ein **Prisma** ist für normale Orientierungszwecke nicht erforderlich.

Ein **Neigungsmesser** ist ebenfalls nicht erforderlich; kann aber u. U. ganz nützlich sein, um z. B. das Gefälle eines Hanges zu bestimmen (was etwa für die Einschätzung der Lawinengefahr hilfreich sein kann).

Produktbeispiele

Für viele Zwecke genügt mir der einfache, handliche und sehr preisgünstige *Silva Explorer* **Linealkompass** mit griffigem Gehäuse. Die Grundplatte hat eine hinten gerundete und nach oben gewölbte Kante. Lange und klar sichtbare Nordlinien, eine 90 mm lange Anlegekante sowie die saphirgelagerte und natürlich flüssigkeitsgedämpfte Nadel ermöglichen präzises Arbeiten. Ein praktischer Allround-Kompass.

Eine längere Anlegekante (110 mm) hat der **Linealkompass** *Silva Combi 54,* der ansonsten ähnlich ausgestattet ist wie der Explorer. Zusätzlich besitzt er Silikonfüßchen, damit er nicht auf der Karte verrutscht (sehr praktisch).

Mein „Glanzstück" ist der *Silva Ranger 25,* ein **Spiegelkompass** mit durchsichtiger Bodenplatte (wie beim Linealkompass). Zusätzlich ist er mit einem großen Spiegel und exzellenten Visier ausgestattet, die zusammen ein sehr sicheres und exaktes Arbeiten auch im Gebirge und auf größere Distanzen ermöglichen. Mit aufgeklapptem Spiegel erhält man eine Anlegekante von satten 190 mm. Er besitzt selbstverständlich alle Vorzüge der bisher genannten Modelle und hat zusätzlich einen verstellbaren Missweisungsausgleich, einen Neigungsmesser und

typ 25 Abb.: Silva

◄ *Spiegelkompass
Silva 25*

eine integrierte Batteriebeleuchtung für die Orientierung bei Nacht (die beiden anderen Modelle haben zu diesem Zweck Leuchtpunkte, die kurz mit der Taschenlampe angestrahlt werden müssen).

Kreisteilung

Da der Winkel einer Peilung oder Kursrichtung für die Kompassarbeit heute gar nicht mehr abgelesen werden muss, ist die Einteilung der Kompassrose (= Kreisteilung) für die Orientierung selbst unerheblich. Der Vollständigkeit halber und für besondere Fälle (z. B. wenn man eine Peilung notieren muss oder eine Kursrichtung mitteilen will), sollen die gängigen Einteilungen hier kurz erwähnt werden.

Himmelsrichtungen

Die Haupthimmelsrichtungen Süd (S), Nord (N), Ost (O oder E) und West (W) sind auf fast allen Kompassrosen zu finden; auf manchen sind zusätzlich Zwischenrichtungen wie z. B. NW (zwischen

25

Nord und West) und WNW (zwischen West und Nordwest) angegeben. Wie die Himmelsrichtungen im Verhältnis zueinander liegen, muss man im Schlaf wissen, ehe man mit der Kompassarbeit beginnt.

Grad

Auf den meisten Kompassrosen ist der Kreis nach den aus der Geometrie bekannten Winkelmaßen von 0 bis 360° (Grad) unterteilt, wobei man im Norden mit 0° beginnt und die Winkel im Uhrzeigersinn misst: Osten liegt demnach bei 90°, Süden bei 180°, Westen bei 270° und Norden bei 360° bzw. 0°. Ein Grad hat 60 Minuten, eine Minute 60 Sekunden. Die Einteilung entspricht also nicht dem gewohnten Dezimalsystem. Die Unterteilung auf der Kompassrose erfolgt meist in Schritten von 2° oder 5°.

Gon

Zu Vermessungszwecken wird der Kreis in 400 Gon unterteilt, was den Vorteil hat, dass die Haupthimmelsrichtungen stets vollen Hundertern entspre-

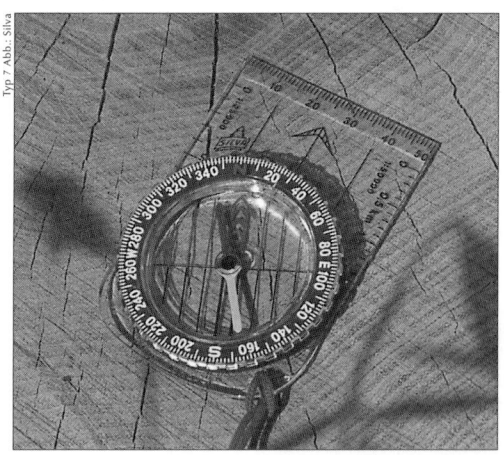

Typ 7 Abb.: Silva

▶ *Einfacher
Linealkompass:
Silva 7*

chen (Osten 100 Gon, Süden 200 Gon, Westen 300 Gon etc.) und die Zwischenrichtungen stets auf 50 enden (NO 50 Gon, SO 150 Gon, SW 250 Gon etc.). Diese Zahlen vermitteln eine bessere Vorstellung von der Richtung. Außerdem ist das Gon nach dem Dezimalsystem in Hundertstel unterteilt. Dennoch hat sich dieses System nicht durchgesetzt und ist nur selten zu finden.

Strich
Die Einteilung des Kreises in 6000 bis 6400 Strich (mils) wird überwiegend vom Militär benutzt und geht auf die Ansprüche der Artillerie zurück. In der NATO wird der Kreis in 6400 Strich (= 6400$^-$) unterteilt, so dass Ost gleich 1600$^-$ (oder mils) ist, Süden gleich 3200$^-$, Westen gleich 4800$^-$ etc. Dieses System konnte sich außerhalb des militärischen Bereichs nicht durchsetzen.

Kompassfehler

Fehler beim Ablesen des Kompasses haben meist eine der vier folgenden Ursachen, die man berücksichtigen muss, um exakte Ergebnisse zu erhalten.

Ablenkung (Deviation)
Da die Kompassnadel sich nach den Kraftlinien des Magnetfeldes ausrichtet, wird sie auch durch die Magnetfelder elektrischer Leitungen oder von Gegenständen aus Eisen beeinflusst (im Extremfall bis zu den in Klammern angegebenen Entfernungen); z. B. von:
- Eisenerz- oder Basaltlagern (s. Exkurs)
- Hochspannungsanlagen und Gleichstromleitungen elektrischer Bahnen (500 m)
- Gittermasten und Bauwerken aus Stahlbeton (200 m)
- Fahrzeugen (50 m)

● Messer, Axt, Gewehr, Eispickel, Eisenhaken, Karabiner (5 m; in der Praxis konnte ich eine wahrnehmbare Beeinflussung durch ein schweres Messer nur bis zu einer Entfernung von höchstens 25–30 cm feststellen)

● Fotoapparat, Fernglas, Belichtungsmesser, Brillengestell (1–3 m; meist deutlich weniger)

Verkanten

Hält man den **Kompass nicht waagerecht** (das passiert leicht in den Bergen, wenn man höher oder tiefer gelegene Punkte anpeilt), dann berührt die Nadel mit einem Ende den Boden der Dose und kann sich nicht frei einspielen. In den Bergen ist daher ein Spiegelkompass vorteilhaft, bei dem man die Dose waagerecht halten und trotzdem peilen und zugleich die Nadel beobachten kann.

Inklination

Die Kraftlinien des Magnetfelds unserer Erde verlaufen nur am Äquator parallel zur Erdoberfläche (also waagerecht). Je näher man den Polen kommt, desto stärker wird ein Ende der Nadel nach unten gezogen, und direkt an den magnetischen Polen würde eine frei aufgehängte Kompassnadel genau senkrecht stehen. Diese **Abweichung von der Horizontalen** nennt man **Inklination** (Neigung). Sie kann dazu führen, dass die Nadel den Dosenboden berührt und sich nicht frei einspielen kann.

Die Inklination wird bereits bei der Herstellung dadurch ausgeglichen, dass man den Schwerpunkt

---

Deviation messen und korrigieren

In Gebieten mit Eisenerz- oder Basaltlagern kann die Ablenkung sehr stark sein, je nachdem wie nahe man sich an den Lagern befindet und wie mächtig sie sind. Sie kann aber auch über kurze Entfernungen spürbar schwanken. Die einzige Möglichkeit sie einzuschätzen besteht darin, einen Kompasswinkel mit einem bekannten Winkel zu vergleichen (z. B. indem man den Winkel zu einem bekannten Geländepunkt im Gelände misst und mit dem Winkel auf der Karte vergleicht). Die so ermittelte Abweichung kann dann bei den nächsten Peilungen berücksichtigt werden. Allerdings muss man den Vorgang häufig wiederholen, da die Ablenkung schwanken kann.

der Nadel entsprechend verlagert; so ist bei einem in Deutschland gekauften Kompass z. B. das Südende der Nadel etwas schwerer als das Nordende. Einen solchen Kompass kann man nahezu auf der gesamten Nordhalbkugel verwenden. Wer jedoch jenseits des Äquators eine Tour plant, sollte sich beim Hersteller erkundigen, ob sein Kompass dort benutzt werden kann, und muss gegebenenfalls ein für die jeweilige Inklinationszone hergestelltes Modell kaufen.

Empfindlichkeit

Die Empfindlichkeit eines Kompasses gegen die Inklination ist u.a. von der Höhe der Dose abhängig (bei einer höheren Dose kann sich die Nadel auch in etwas schräger Position frei einspielen, ohne den Dosenboden zu berühren), aber auch von der Länge der Nadel und ihrer Lagerung.

Deklination

Die Deklination bezeichnet – wie unten erläutert – die Abweichung der magnetischen von der geografischen Nordrichtung. Je stärker diese Abweichung ist, desto wichtiger ist es, dass man sie berücksichtigt. Eine Deklination von bis zu 5 oder 6 Grad muss bei Wanderungen ohne sehr lange Kompassstrecken nicht unbedingt ausgeglichen werden. 6 Grad ist der Winkel zwischen zwei aufeinanderfolgenden Minutenstrichen auf der Uhr. Auf einer Kompassstrecke von 1 km beträgt die Abweichung bei diesem Winkel allerdings bereits ca. 100 m. Das heißt: **je länger die Kompassstrecken, desto wichtiger wird es, auch geringere Deklinationswinkel zu berücksichtigen.**

Nadelabweichung

Sind auf der Karte nicht die geografischen, sondern die geodätischen Nordlinien eingezeichnet, so ist anstelle der Deklination die **Nadelabweichung** *zu berücksichtigen. Beide Abweichungen werden zusammenfassend mit dem Oberbegriff* **Missweisung** *bezeichnet. Außer in hohen Breiten unterscheiden sie sich aber nur geringfügig voneinander.*

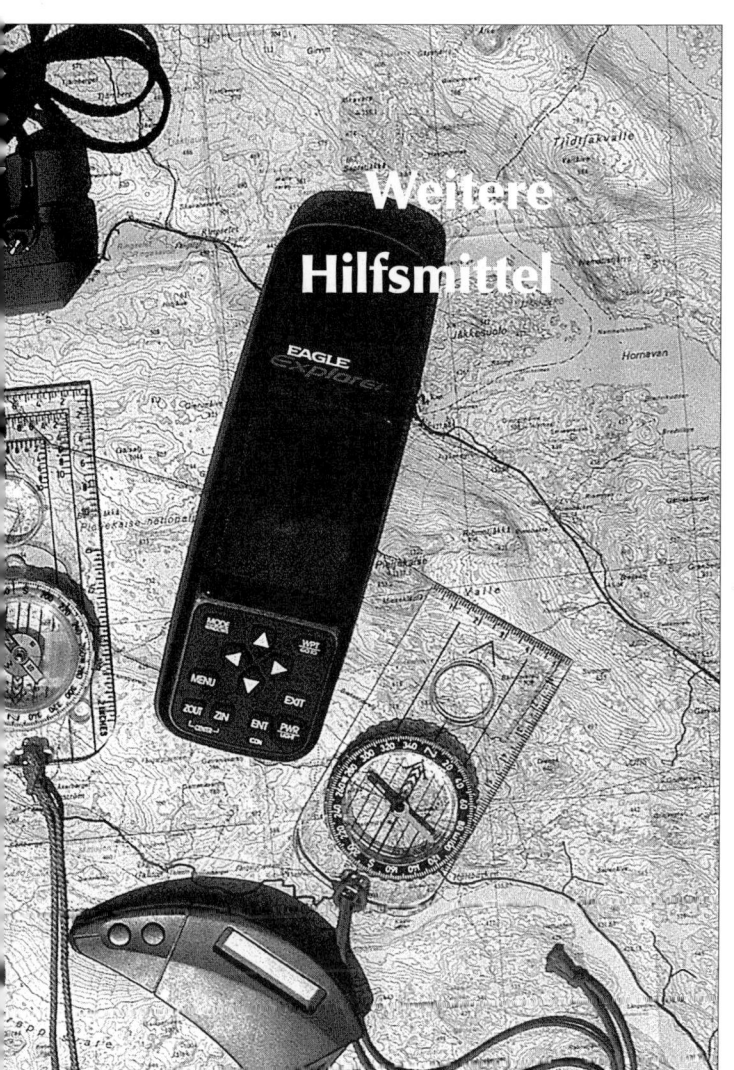

Weitere Hilfsmittel

EAGLE explorer

Hilfsmittel

Höhenmesser

Vor allem in den Bergen kann der Höhenmesser nach Karte und Kompass ein drittes wichtiges Hilfsmittel zur Bestimmung des Standorts sein. Da er angibt, auf welcher Höhenlinie man sich befindet, liefert er eine feste Bezugslinie und kann u. U. auch bei schlechter Sicht und fehlenden Orientierungspunkten eine relativ genaue Positionsbestimmung ermöglichen.

Höhenmesser justieren

Als Faustregel gilt, dass man den Höhenmesser mindestens alle 200 Höhenmeter, alle 2 Stunden oder alle 10 km neu einstellen sollte, um eine Genauigkeit von etwa 10 m zu erreichen.
Dabei ist jedoch zu beachten, dass bei raschen Luftdruckänderungen trotzdem ein größerer Fehler auftreten kann. Andererseits lässt sich bei häufigem Nachjustieren die Größe und Richtung der Abweichung feststellen, so dass man sie 1. bei weiteren Messungen einbeziehen kann und 2. eine Vorstellung von der Luftdruckänderung (und damit von der zu erwartenden Wetterentwicklung) erhält.

Allerdings misst ein Höhenmesser nicht unmittelbar die Höhe über dem Meer, sondern den *Luftdruck*, der zwar in einer festen Relation zur **Meereshöhe ü.NN** (siehe gegenüberliegende Seite) steht (er wird um so geringer, je höher man steigt), sich aber auch wetterbedingt ändern kann, ohne dass sich die Höhe über dem Meer ändert. Bei Hochdruck zeigt der Höhenmesser eine zu geringe Höhe, bei Tiefdruck eine zu große. Deshalb muss man den Höhenmesser unterwegs an Punkten, deren Höhe man der Karte entnehmen kann, **möglichst oft nachjustieren**, um einigermaßen zuverlässige Angaben zu erhalten.

Höhenmesser als Wetterstation

Bleibt man einige Zeit auf der gleichen Höhe (z. B. über Nacht), kann der *Höhenmesser als Barometer* dienen und zur Wettervorhersage hilfreich sein. Man sollte sich daher abends die Höhenanzeige notieren, um sie morgens nach dem Ablesen der Luftdruckveränderung wieder einstellen zu können.

Wenn Sie abends Ihr Zelt auf 600 m Höhe aufgestellt haben und der Höhenmesser am nächsten Morgen stur behauptet, dass Sie sich auf 550 m über dem Meer befinden, dann sind Sie nicht etwa im Schlaf 50 m tiefer gerutscht, sondern der Luftdruck ist um etwa 7 Millibar gestiegen. Sie müssen also nicht entsetzt sein, sondern haben Grund zur Freude, denn das bedeutet in der Regel gutes Wetter. Wachen Sie hingegen auf 650 oder 700 m auf, dann können Sie vielleicht gleich weiterschlafen, denn der Luftdruck ist gefallen und die Wetterlage ist instabil geworden.

Allgemein gilt folgende Beziehung zwischen Luftdruck und Wetterprognose (Ausnahmen möglich):

Meereshöhe

*Die **Meereshöhe** wird auf Karten ü.NN (= über Normal-Null) angegeben, d. h. über dem mittleren Meeresniveau. Für Deutschland dient das Mittelwasser des Amsterdamer Pegels als Bezugshöhe (= NN). In anderen Ländern kann NN von dieser Bezugshöhe abweichen; die Abweichungen spielen jedoch für die Höhenmessung keine Rolle, da sie bei den Höhenangaben auf der Karte berücksichtigt sind, und für die Luftdruckmessung können sie ignoriert werden, da sie meist geringer sind als die Messgenauigkeit.*

Luftdruck	Wettervorhersage
steigend	*Wetterverbesserung*
fallend	*Wetterverschlechterung*
konstant	*stabile Wetterlage*
langsam ansteigend (bis 1 Mb in 3 Std.)	*allmähliche Neigung zu stabiler Schönwetterlage*
rasch ansteigend (3–5 Mb in 3 Std.)	*rasche aber nicht stabile Wetteränderung meist (aber nicht immer) zu besserem Wetter*
plötzliche starke Veränderung (über 5 Mb in 3 Std.)	*rascher, heftiger Wetterumschlag; mit Unwettern ist zu rechnen (auch bei steigendem Luftdruck)*
sehr rasch und stark fallend (über 5 Mb in 3 Std.)	*bringen Sie sich in Sicherheit; es ist mit heftigsten Unwettern zu rechnen!*

Für eine zuverlässige Messung sollte der Höhenmesser eine **feine Unterteilung** (10-m-Skala) und eine **Temperaturkompensierung** besitzen, da Temperaturschwankungen die Messung sonst ebenfalls beeinflussen. Wer sich in höhere Regionen begeben will, sollte außerdem auf einen entsprechend großen Messbereich achten. Ein solches Gerät ist wesentlich teurer als ein guter Kompass und wird einige hundert Mark kosten.

Keine Millibaranzeige

Für den Fall, dass der Höhenmesser keine Millibar-Anzeige besitzt: im Mittelgebirge entspricht eine Differenz von einem Millibar etwa einem Höhenunterschied von 8–10 m; aber je höher man steigt, desto größer wird der Höhenunterschied pro Millibar (in 5000 m Höhe sind es z. B. bereits 16 m).

Produktbeispiel

Ein ebenso verblüffendes wie universelles Gerät ist der *Field Syscom II* mit elektronischer Höhenmessung von –999 bis 9.000 m. Er wird wie eine Armbanduhr am Handgelenk getragen und ist daher jederzeit ablesbar. Dieses Gerät zeigt nicht nur die aktuelle Höhe in 1-m Stufen und mit einer Genauigkeit von 3%, sondern außerdem

▼ *Höhenmesser Field Syscom II*

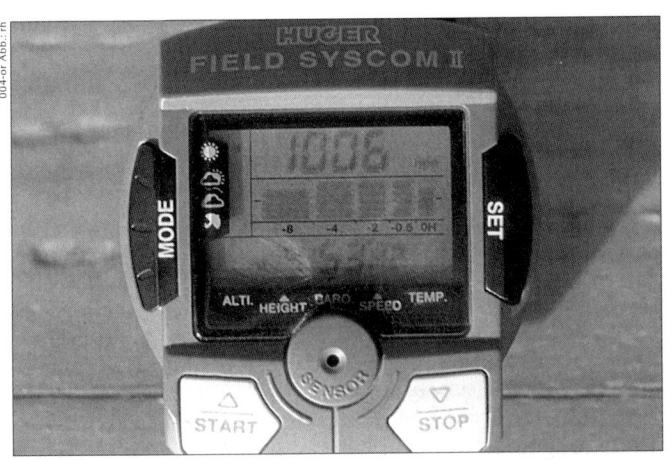

die insgesamt überwundenen Höhenmeter und die Geschwindigkeit der Höhenänderung in (m/Std. oder m/Sek.) Er umfasst eine komplette kleine Wetterstation mit einer auf Meereshöhe reduzierter Luftdruckanzeige (300 hP–1100 hP, nachstellbar), Thermometer (–20 bis +50°C; Genauigkeit 1–2°C) sowie einer Uhr, Datumsanzeige, und einer Stoppuhr, die Zwischenzeiten speichert. Und schließlich gibt es zu jeder Funktion ein Balkendiagramm, das die Entwicklung der jeweiligen Größe (Höhe, Luftdruck, Temperatur etc.) in den letzten acht Stunden anzeigt. Vertrieben wird das nur 45 g schwere Gerät von der Firma *Huger Electronics* (s. Anhang „Adressen").

Genauigkeit Höhenmesser

Eine feine Skalierung muss nicht zwangsläufig große Genauigkeit bedeuten. Manche elektronischen Höhenmesser zeigen die Höhe in 1-m Schritten an, was u. U. eine größere Genauigkeit vortäuschen kann, als sie das Gerät tatsächlich leistet. Tests haben gezeigt, dass manche Modelle trotz 1-m Skalierung nur eine Genauigkeit von 10 m erreichten.

Hilfsmittel

Schrittzähler

Ein Schrittzähler, der am Gürtel befestigt wird, ist (nach dem GPS-Gerät) die zuverlässigste Möglichkeit, um zurückgelegte Entfernungen abzuschätzen. Er registriert nach dem Trägheits- oder Pendelprinzip die Erschütterung beim Auftreten und zählt so die Schritte. Zunächst muss man also seine durchschnittliche Schrittlänge ermitteln, die man bei den heutigen elektronischen Geräten auf den Zentimeter genau eingeben kann. Das Gerät rechnet dann die Schrittzahl stets in Kilometer oder Meilen um.

Achten Sie darauf, dass auch die Schritte bei Abstechern oder während einer Pause mitgezählt werden. Das lässt sich bei den meisten Geräten allerdings nur vermeiden, indem man sie ablegt oder vor der Unterbrechung abliest und danach wieder auf Null stellt.

Die immer wichtiger werdenden Hilfsmittel, die **GPS-Geräte,** *werden in einem gesonderten Kapitel weiter hinten im Buch behandelt.*

Sehr gute Erfahrungen habe ich z. B. mit dem **Digital Pedometer PE-299** von Oregon Scientific gemacht (Bezugsquelle: Huger Electronics), das sehr zuverlässig nach der Pendelmethode arbeitet, Distanzen bis zu 150 km misst, mit einer Batterie rund ein Jahr lang funktioniert und nur 29 g wiegt.

Schrittlänge

Beachten Sie, dass die Schrittlänge je nach Steigung und Gelände sehr unterschiedlich ist. Um möglichst genaue Werte zu erhalten, muss man daher die Schrittlänge unter verschiedenen Geländebedingungen ermitteln und bei jedem Wechsel dieser Bedingungen (z. B. vor einem steilen Aufstieg) eine neue Schrittlänge eingeben. Bei vielen Geräten muss aber vorher die angezeigte Strecke notiert werden, da sie bei einer Änderung der Einstellungen auf Null zurückspringt.

Uhr

Eine Uhr kann nützlich sein, um zurückgelegte Strecken anhand der benötigten Zeit abzuschätzen. Allerdings ist diese Methode ungenauer als der Schrittzähler, da man in schwierigerem Gelände und an Steigungen nicht nur kürzere, sondern zudem langsamere Schritte macht und sich die Fehler daher addieren. Außerdem kann die Uhr im Notfall dazu dienen, mit Hilfe der Sonne ungefähr Süden zu bestimmen. Siehe Kapitel „Uhr als Kompass".

▼ *Schrittzähler Digital Pedometer PE-299*

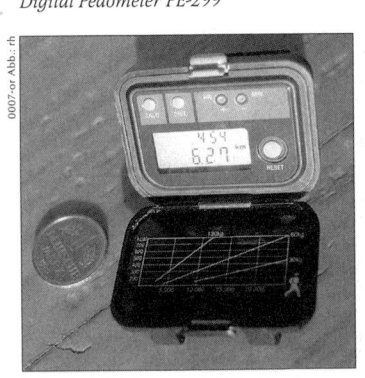

0007-or Abb.: rh

Karten-Entfernungsmesser

Mit dem Lineal lassen sich nur gerade Strecken auf der Karte abmessen – also gewöhnlich nur Distanzen in der Luftlinie. Um eine gewundene Wegstrecke abzumessen, gibt es Entfernungsmesser (wie z. B. den MR 300 von Oregon Scientific), die ein kleines, geriffeltes Rädchen haben, mit dem man jede Wegstrecke relativ genau abtragen kann. Hat man vorher den Kartenmaßstab eingegeben, so rechnet das Gerät die Distanz auf der Karte in die Entfernung in der Natur um.

Produktbeispiel

Das genannte Gerät ist zudem mit einer kleinen Lampe ausgestattet, um die Wegstrecke auf der Karte auch bei schlechtem Licht zu erkennen, hat einen achtstelligen Taschenrechner und einen kleinen Kompass, der in Notfällen die Himmelsrichtungen viel schneller und genauer anzeigt als die Behelfsmethoden mit Uhr und Sonne. Der MR 300 misst vorwärts ebenso wie rückwärts, was das Abmessen von Serpentinenstrecken vereinfacht, aber den Nachteil hat, dass man – wenn man versehentlich über eine Kehre hinausgeschossen ist – die zuviel gemessene Distanz nicht einfach im „Rückwärtsgang" wieder abziehen kann.

Entfernungsmessung auf der Karte

Beachten Sie, dass die Genauigkeit der Entfernungsmessung - unabhängig von der des Gerätes - dadurch begrenzt ist, dass man feine gewundene Linien auf der Karte nicht exakt abtasten kann. Genauere Resultate erhält man, wenn man zunächst einige Strecken bekannter Länge abmisst und den so ermittelten durchschnittlichen Fehlerprozentsatz bei den weiteren Messungen berücksichtigt.

Hilfsmittel

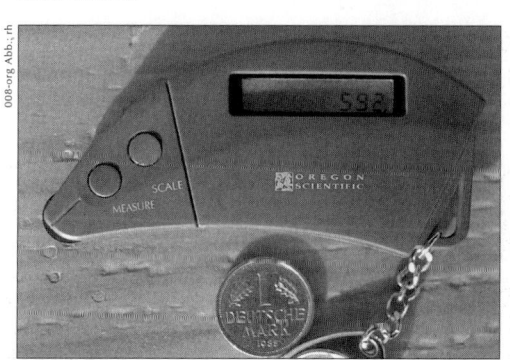

◀ *Kartenentfernungsmesser MR 300*

008-org Abb; rh

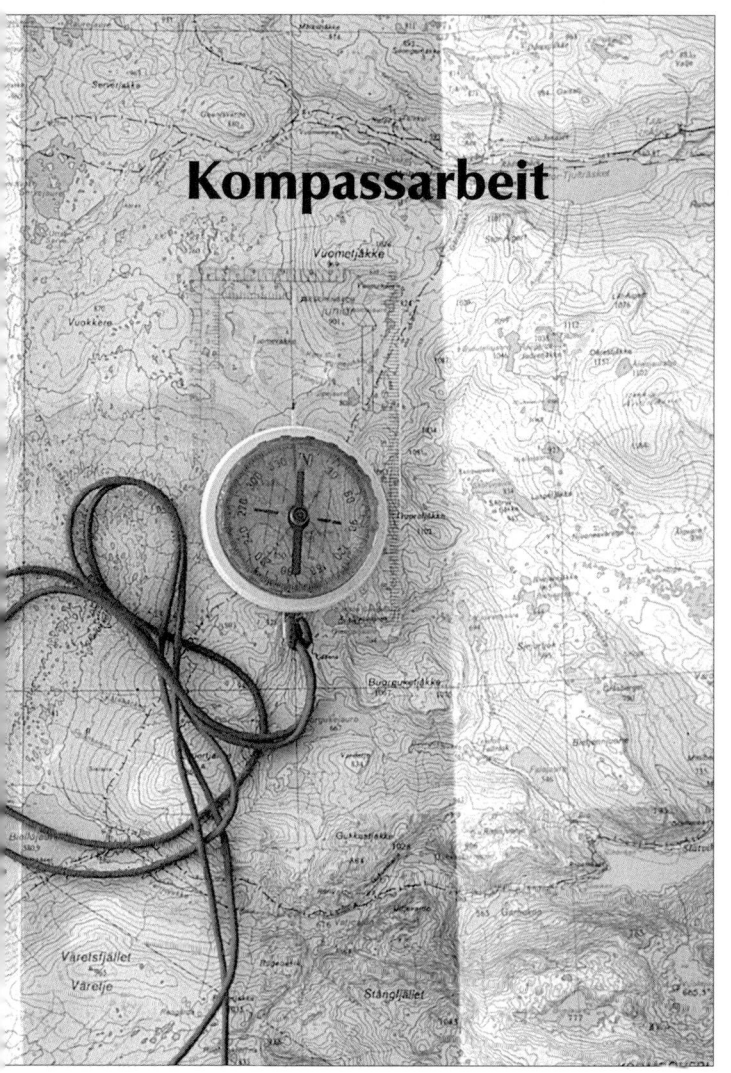

Wofür man den Kompass benötigt

Den Kompass benötigt man im Normalfall nur zu zwei Aufgaben: der Standortbestimmung und der Kursbestimmung. Für beide Aufgaben sind nur wenige, sehr einfache Handgriffe erforderlich. Ja wirklich! Wenn Sie die folgenden Beschreibungen und Erklärungen lesen, werden Sie das vielleicht rasch und heftig bezweifeln. Aber was kompliziert wirkt, ist mehr die Darstellung als die Materie selbst. Alles ist weit einfacher als es sich zunächst anhören mag. Und falls es Sie trösten sollte: Ich habe mich beim Versuch, eine möglichst einfache und klare Darstellung zu finden, mindestens genauso sehr abgerackert, wie Sie bei Ihren Bemühungen, es zu verstehen.

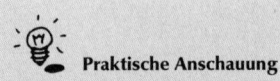

Praktische Anschauung

*Trocken ist alle Theorie! Um sich die Arbeit zu erleichtern, ist es sehr wichtig, dass Sie die folgenden Beschreibungen nicht nur lesen, sondern dabei einen **Kompass zur Hand nehmen** und die Theorie sofort in die Praxis umsetzen. Dann wird gleich vieles anschaulicher und ist leichter zu verstehen.*

Der Kompass ist ein Winkelmesser

Bei der Kompassarbeit geht es im Wesentlichen nur darum, den Winkel zwischen zwei Richtungen zu messen; nämlich zwischen:
- der **Nordrichtung** als fester und weitgehend konstanter Bezugsrichtung und
- einer **Peilrichtung** (der Richtung eines Orientierungspunktes, den man anpeilt, z. B. Bergspitze, Turm, Baum etc.).

Die **Nordrichtung** weisen die **Kompassnadel**, solange wir uns im Gelände orientieren, bzw. **Nordpfeil und Nordlinien**, wenn wir auf der Karte arbeiten. Die **Peilrichtung** wird über die **Anlegekante (Lineal)** festgelegt. (Der Vereinfachung halber wird hier zunächst davon ausgegangen, dass die magnetische Nordrichtung mit der geografischen übereinstimmt.)

Kompassarbeit ist also nichts anderes als Winkelmessung. Die Nordmarke und die Nordlinien der drehbaren Kompassdose bilden zusammen mit dem Lineal (Anlegekante) einen verstellbaren Winkelmesser. Man misst stets den Winkel von der Nordrichtung zur Peilrichtung und zwar im Uhrzeigersinn.

Die beiden Grundaufgaben sind:
- **Standortbestimmung** – dazu überträgt man im Gelände gemessene Winkel auf die Karte
- **Kursbestimmung** – dazu überträgt man auf der Karte gemessene Winkel ins Gelände.

Einnorden der Karte

Das **Einnorden der Karte** ist für die Arbeit mit einem modernen Lineal- oder Spiegelkompass nicht mehr erforderlich. Man braucht es nur noch, um das Kartenbild direkt mit dem Gelände zu vergleichen. Es ist rasch und einfach zu bewerkstelligen: Legen Sie den Kompass auf die Landkarte (Nordlinien der Dose parallel zu den Nordlinien der Karte; Kurspfeil nach Kartennord) und drehen Sie Karte und Kompass zusammen so lange, bis das Nordende der Nadel sich auf die Nordmarke (bzw. Missweisungsmarke) eingespielt hat. Dann ist die Karte exakt nach dem Gelände ausgerichtet.

Achtung: Zeigt der Kurspfeil nicht nach Kartennord, so halten Sie die Karte verkehrt herum!

Missweisung

*Die **Missweisung** bleibt vorerst unberücksichtigt, um die Sache etwas zu vereinfachen. Wo die Missweisung in den folgenden Anwendungsbeispielen erwähnt wird (in einem solchen Kasten oder im Text durch kleinere Schrift gekennzeichnet) können Sie diese Absätze zunächst überspringen und erst dann berücksichtigen, wenn Sie mit den Grundlagen bereits vertraut sind. In Mitteleuropa ist die Missweisung derzeit ohnehin so gering (max. 1-2°), dass man sie auch unterwegs ignorieren kann. Wer in Regionen mit stärkerer Missweisung unterwegs ist, muss sich natürlich auch mit den entsprechenden Kapiteln befassen.*

▼ *Einnorden der Karte*

O-205 Abb.: al

Kompassarbeit

Standortbestimmung
(vom Gelände auf die Karte)

Standortbestimmung ohne Kompass

Manchmal kann man seinen Standort direkt aus der Karte entnehmen, z. B.:

●an markanten Punkten (wenn man sich auf einem Berggipfel, bei einer Hütte, Brücke, Weggabelung etc. befindet)

●am Schnittpunkt zweier in der Karte erkennbarer Linien (z. B. Kreuzungspunkt zweier Pfade, eines Pfades mit einem Bach, o. ä.).

Standortbestimmung mit dem Kompass und / oder Höhenmesser

In allen anderen Fällen kann man seinen Standort mit Hilfe des Kompasses bestimmen, indem man einen oder mehrere Winkel im Gelände misst und auf die Karte überträgt. Zwei Voraussetzungen müssen dazu jedoch gegeben sein:

1. Man benötigt zumindest einen klar erkennbaren Orientierungspunkt, den man auf der Karte identifizieren kann, und zusätzlich eine ↗Standlinie oder mindestens zwei identifizierbare Orientierungspunkte. Daraus ergibt sich:

2. Man darf sich nicht völlig verirrt haben, sondern muss zumindest eine ungefähre Vorstellung davon besitzen, wo man sich befindet. Sonst kann man nämlich die Orientierungspunkte nicht auf der Karte identifizieren.

Standlinie

Eine Standlinie ist eine auf der Karte erkennbare Linie (z. B. Pfad, Fluss, Seeufer, Höhenlinie etc.) auf der man sich befindet.

Orientierung nach Sicht

In deutlich gegliedertem Gelände (Berge und Täler) kann man sich bei guter Sicht meist auch „rein optisch" orientieren (z. B. nördlich des Flusses, zwischen einem steilen Hang im Osten und zwei flachen Hügeln im Westen o. ä.). Auf diese Weise kennt man zwar nur den ungefähren und nicht den exakten

Standort, kann aber die exakte Position mit Hilfe von Orientierungspunkten jederzeit bestimmen.

Kompass im Nebel

Dass der Kompass im Nebel besonders hilfreich ist, wenn eine Orientierung nach Sicht unmöglich wird, leuchtet ein. Aber er hilft nur, wenn man seinen Standort kennt. Weiß man nicht, wo man sich befindet, kann auch der Kompass nicht mehr viel helfen. Denn den weiteren Kurs kann man erst und nur dann exakt bestimmen, wenn man seinen genauen Standort kennt. Deshalb ist es wichtig, bei aufziehendem Nebel, Schneetreiben etc. seine Position rechtzeitig zu bestimmen, solange noch Orientierungspunkte erkennbar sind. Ist es bereits zu spät und eine Standortbestimmung nicht mehr möglich, so sollte man unbedingt das Zelt aufschlagen oder ein Notbiwak einrichten und bessere Sicht abwarten. Wer trotzdem weitergeht, wird sich nur noch mehr verirren und riskiert, in gefährliches Gelände zu geraten!

Orientierungspunkte

Als Orientierungspunkte zur Standortbestimmung eignen sich besonders Geländepunkte, die:
- nahe am Standpunkt liegen (je weiter entfernt, desto ungenauer wird die Messung)
- möglichst im rechten Winkel zur Standlinie oder der Richtung eines weiteren Orientierungspunkts liegen (je spitzer der Winkel, desto ungenauer)

1. Standort mit Kompass und Standlinie

Schritt 1: *Im Gelände Richtungswinkel des Orientierungspunktes messen* (Karte bleibt unberücksichtigt)

1. Peilung: Halten Sie den Kompass waagerecht in Augenhöhe (Kurspfeil vom Körper weg weisend) und visieren Sie entlang der Kante (bzw. mit dem Visier) den auf der Karte identifizierten Orientierungspunkt an.

2. Kompass ausrichten: Drehen Sie mit der anderen Hand – ohne den Kompass zu bewegen – die Dose so weit, bis das Nordende der Nadel auf die Nordmarke (bzw. Missweisungsmarkierung) weist.

Missweisung I

Falls die Missweisung nicht mechanisch ausgeglichen wurde (s. u.), muss sie bei jeder Messung berücksichtigt werden. Bei der Arbeit vom Gelände auf die Karte stets vor dem Übertragen des Winkels westliche Missweisung abziehen (Kompassdose um Missweisungszahl im Uhrzeigersinn drehen), östliche Missweisung dazuzählen (Kompassdose um Missweisungszahl gegen den Uhrzeigersinn drehen).

Jetzt haben Sie den Richtungswinkel des Orientierungspunktes fixiert und können ihn, ohne die Gradzahl abzulesen, direkt auf die Karte übertragen (siehe „Schritt 2"). Einnorden der Karte ist nicht erforderlich!

Schritt 2: *Richtungswinkel auf die Karte übertragen* (Kompassnadel bleibt unberücksichtigt)

1. Lineal anlegen: Legen Sie den Kompass so auf die Landkarte, dass das vordere Ende des Lineals (= Anlegekante; egal welche Seite) am Orientierungspunkt anliegt.

2. Richtungswinkel einstellen: Drehen Sie nun den ganzen Kompass um diesen Punkt und zwar soweit, bis die Nordlinien der Dose parallel zu den senkrechten Gitterlinien liegen und die Nordmarke nach Kartennord weist.

Nun können Sie entlang der Linealkante eine Linie ziehen, die vom angepeilten Orientierungspunkt bis über Ihre Standlinie reicht. Es genügt aber auch, lediglich den Schnittpunkt dieser Geraden mit der Standlinie zu markieren. Sollte dazu die Anlegekante zu kurz sein, kann man sie mit Hilfe des umgeschlagenen Kartenrandes verlängern (s. o.).

Wenn Sie genau gearbeitet haben, befinden Sie sich dort, wo die Gerade Ihre Standlinie schneidet oder zumindest nicht allzu weit davon entfernt.

O213 Abb.:al

angepeilter Orientierungspunkt, z.B. Berggipfel (hier Lineal anlegen)

Standpunkt

Wanderpfad- (o.ä. Standlinie)

Nordlinien parallel zum Gitter laufen

Nordmarke nach Kartennord

Kompass und Höhenmesser

Wenn Sie einen richtig eingestellten Höhenmesser bei sich haben, können Sie damit (auf etwa 10 m genau) Ihre momentane Höhe bestimmen.

Die so festgelegte Höhenlinie wird dann zur Standlinie, und Sie können genau so verfahren wie oben beschrieben. Dort, wo die Linealkante die Höhenlinie schneidet, befindet sich Ihr Standpunkt.

Höhenmesser und Standlinie

Wenn Sie einen richtig eingestellten Höhenmesser bei sich haben und sich außerdem auf einer geneigten Standlinie befinden (z. B. an einem Bach, auf einem ansteigenden Pfad oder in einer Rinne), dann können Sie selbst bei schlechtester Sicht und unabhängig von der Missweisung Ihren Standpunkt recht genau bestimmen. Er ergibt sich dann aus dem Schnittpunkt der ermittelten Höhenlinie mit der Standlinie.

Kompassarbeit

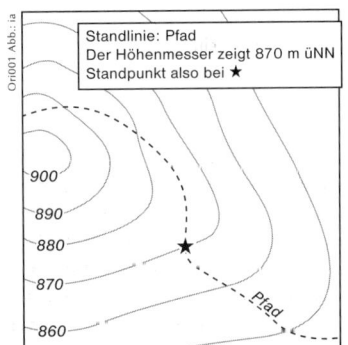

Ori001 Abb.: ia

Standlinie: Pfad
Der Höhenmesser zeigt 870 m üNN
Standpunkt also bei ★

900
890
880
870
860
Pfad

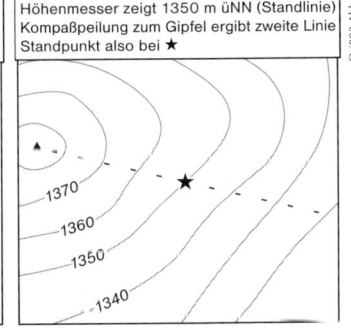

Ori002 Abb.: a

Höhenmesser zeigt 1350 m üNN (Standlinie)
Kompaßpeilung zum Gipfel ergibt zweite Linie
Standpunkt also bei ★

1370
1360
1350
1340

Kreuzpeilung

Hat man keine Standlinie als Orientierungshilfe, so müssen mindestens zwei Orientierungspunkte angepeilt werden, die vom Standort aus gesehen möglichst in einem Winkel nahe 90° zueinander liegen sollten, um ein optimales Ergebnis zu erzielen. Jeder von ihnen wird angepeilt, und die Richtung wird in die Karte übertragen wie oben beschrieben. Aus dem Schnittpunkt beider Richtungslinien ergibt sich der Standpunkt (ggf. Missweisung berücksichtigen!).

Geländepunkt bestimmen
(vom Gelände auf die Karte)

Auf entsprechende Weise wie Sie bei einem bekannten Geländepunkt den unbekannten Standpunkt bestimmen, können Sie natürlich umgekehrt auch bei einem bekannten Standpunkt einen unbekannten Geländepunkt bestimmen; z. B. wenn Sie einen Berg vor sich haben, der sich nicht anhand seiner Form klar auf der Karte identifizieren lässt. Hierzu peilen Sie den Punkt an wie oben erklärt und verfahren anschließend auch auf der Karte entsprechend, nur dass Sie das Lineal diesmal nicht mit dem vorderen Ende am Orientierungspunkt, sondern mit dem hinteren Ende am Standort anlegen. Wenn Sie nun den ganzen Kompass um diesen Punkt drehen, bis die Nordlinien der Dose parallel zu den senkrechten Gitterlinien liegen und die Nordmarke nach Kartennord weist, dann muss der angepeilte Punkt unmittelbar am Lineal bzw. in dessen Verlängerung liegen (s. o. Skizze „Winkel übertragen" bei Standortbestimmung).

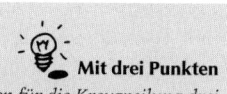

Mit drei Punkten

Stehen für die Kreuzpeilung drei Orientierungspunkte zur Verfügung, so kann man sie alle drei anpeilen und erhält dann höchstwahrscheinlich keinen einheitlichen Schnittpunkt, sondern ein kleines Dreieck, das eine ungefähre Vorstellung der Messgenauigkeit vermittelt.

Kursbestimmung
(von der Karte ins Gelände)

Merke: ***Der Kurs kann nur dann exakt bestimmt werden, wenn der genaue Standpunkt bekannt ist!*** Startet man von einem auf der Karte erkennbaren Punkt aus, so kann man sofort mit der Kursbestimmung beginnen. Ist man erst einmal unterwegs, so sollte man zwar stets wissen, wo man sich befindet (dazu Gelände stets mit Kartenbild vergleichen und die Route auf der Karte verfolgen!), kennt aber in den seltensten Fällen seinen exakten Standpunkt – sofern man sich nicht an einem auf der Karte identifizierbaren Punkt (z. B. Bachmündung, Berggipfel o. ä.) befindet. Weiß man nicht exakt, wo man steht, muss zuerst der Standpunkt bestimmt werden (s. o.), ehe man mit der Kursbestimmung beginnen kann.

Bei der Kursbestimmung geht es darum, wie (d.h. in welcher Richtung) man sein ***Ziel*** erreicht – das vom Standort aus meist nicht zu erkennen ist oder auf dem weiteren Weg durch Hindernisse verdeckt sein wird. Dazu muss man den ***Kurswinkel*** auf der Karte messen (dort ist das Ziel ja erkennbar) und ihn dann ***ins Gelände*** übertragen. Das ist schon alles! Um den Kurs im Gelände festzuhalten (und nicht ständig mit dem Kompass vor dem Gesicht wandern zu müssen), sucht man in der angepeilten Richtung ein ***Hilfsziel,*** auf das man zumarschieren kann.

Schritt 1: Karte: *Kurswinkel messen*
(Kompassnadel wird nicht gebraucht)

1. Zielrichtung fixieren: Legen Sie den Kompass auf die Karte, so dass eine der beiden Anlegekanten (egal welche) Standort und Ziel verbindet und der Kurspfeil zum Ziel hin weist, und halten Sie ihn in dieser Position mit einer Hand fest.

2. Nordrichtung fixieren: Drehen Sie mit der anderen Hand die Kompassdose so, dass die Nordlinien der Dose parallel zu den Gitterlinien der Karte

▲ Kurswinkel messen: Die Anlegekante verbindet Standort und Ziel, während die andere Hand die Dose (Nordlinien) nach dem Kartengitter ausrichtet.

ausgerichtet sind und die Nordmarke der Dose nach Kartennord weist. Die Kompassnadel bleibt dabei unberücksichtigt!

Nun haben Sie den **Kurswinkel** bereits fest am Kompass eingestellt und brauchen ihn bis zum Erreichen des gewählten Ziels nicht mehr neu zu ermitteln. Sie müssen den Kurswinkel weder ablesen noch ihn sich einprägen (Sie haben ihn ja fest „in der Tasche").

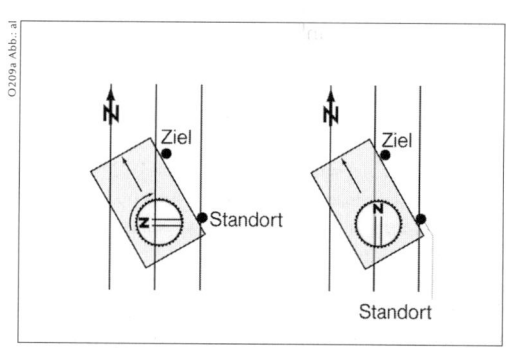

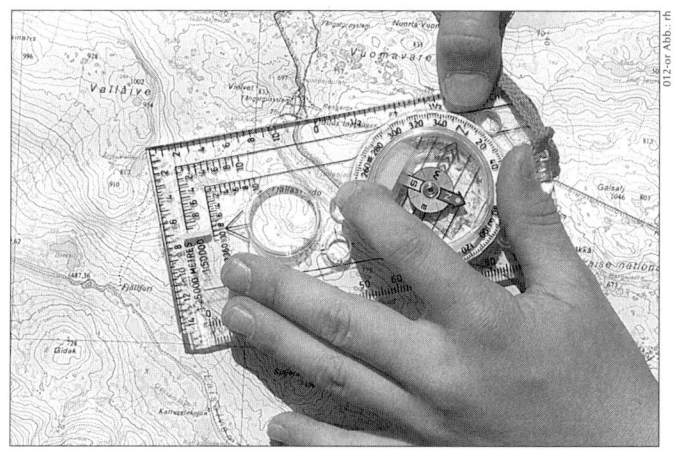

Schritt 2: Gelände: *Kurswinkel ins Gelände übertragen* (Nordlinien werden nicht gebraucht)

1. Kompass ausrichten: Halten Sie den Kompass waagerecht in Hüfthöhe, so dass die Nadel frei schwingen kann und der Kurspfeil vom Körper weg zeigt. Dann drehen Sie sich mit dem ganzen Körper auf der Stelle so weit, bis das Nordende der Nadel genau auf die Nordmarke zeigt. Jetzt weist der Kurspfeil die Richtung, in der das Ziel liegt. (Die Nordlinien bleiben dabei unberücksichtigt).

2. Peilung: Blicken Sie über den Kurspfeil hinweg und suchen Sie in dessen Verlängerung ein **Hilfsziel** (s. u.), das auf dieser gedachten Linie liegt (Näheres dazu s. u. beim Tip „Peilung")

Fertig. Jetzt haben Sie Ihren Kurs bestimmt und können direkt auf Ihr gewähltes Hilfsziel zumarschieren. Wenn Sie unterwegs kleineren Hindernissen ausweichen müssen, spielt das keine Rolle, solange Sie das Hilfsziel nicht aus den Augen verlieren. Bis zum Erreichen des Hilfsziels ist normalerweise keine weitere Kompassorientierung erforderlich.

▲ So hält man Karte und Kompass zum Messen des Kurswinkels: die Rechte hält die Karte und fixiert den Kompass, die Linke dreht die Dose.

O-211 Abb. al

Peilen mit dem Spiegelkompass (Seitenansicht) ...

▼ *... und aus der Sicht des Peilenden.*

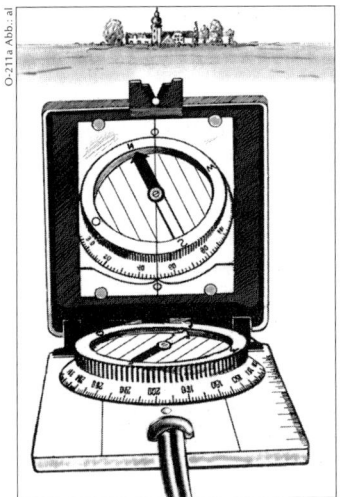

O-211a Abb. al

Mögliche Fehler: Wenn bei Schritt 1 der Kurspfeil nicht zum Ziel *oder* die Nordmarke nicht nach Kartennord zeigt, so geht man genau in die entgegengesetzte Richtung (also vom Ziel weg). Gleiches gilt, wenn bei Schritt 2 der Kurspfeil zum Körper zeigt *oder* das Südende der Nadel auf die Nordmarke. Addieren sich jeweils zwei Fehler, so heben sie sich gegenseitig wieder auf (und man hat noch mal Glück gehabt!).

Hilfsziel / Zwischenziel

Hilfsziel: Als *Hilfsziel* wird ein Orientierungspunkt bezeichnet, den man bei der Kursbestimmung anpeilt, um den auf der Karte gemessenen Kurswinkel ins Gelände zu übertragen und die Marschrichtung zu fixieren. Das Hilfsziel liegt gewöhnlich auf der geraden Linie zwischen Start und Ziel, muss aber nicht unbedingt auf der Karte zu identifizieren sein. Viele Orientierungsbücher verwenden dafür auch die Bezeichnung *Zwischenziel*. Hier soll jedoch zwischen Hilfsziel und Zwischenziel klar unterschieden werden:

Zwischenziel: Als *Zwischenziel* wird in diesem Buch ein klar auf der Karte erkennbarer Punkt bezeichnet, der aber nicht unbedingt genau auf der geraden Linie zwischen Start und Ziel liegen muss. Das Zwischenziel ermöglicht es, lange Kompassstrecken zu unterteilen und dadurch Genauigkeit und Sicherheit zu gewinnen. Näheres dazu siehe im Kapitel „Groborientierung".

Missweisung II

*Falls die **Missweisung** nicht mechanisch ausgeglichen wurde (s. u.), muss sie bei jeder Messung berücksichtigt werden. Bei der Arbeit von der Karte ins Gelände stets vor dem Übertragen des Winkels westliche Missweisung hinzuzählen (Kompassdose um Missweisungszahl entgegen Uhrzeigersinn drehen), östliche Missweisung abziehen (Kompassdose um Missweisungszahl im Uhrzeigersinn drehen).*

Das Hilfsziel muss so gewählt werden, dass man es entweder auf dem ganzen Weg dorthin nicht aus den Augen verliert, oder dass man es leicht wiedererkennt (falls es z. B. unterwegs durch Hindernisse verdeckt wird). Im Zweifelsfall sollte man, sobald das Hilfsziel aus dem Blick verschwindet, ein neues Hilfsziel wählen, indem man den bereits ermittelten Kurswinkel erneut ins Gelände überträgt (wie oben bei "Schritt 2" beschrieben).

Auf dem Weg zum Hilfsziel kann man jeden beliebigen Weg wählen, solange man das Hilfsziel dabei nicht aus den Augen verliert (Ausnahme: wenn das Hilfsziel hinter dem endgültigen Ziel liegt!).

Was Sie als Hilfsziel auswählen und wie weit dieses entfernt ist, richtet sich nach dem Gelände. Sehr **weit entfernte Hilfsziele** haben den Nachteil, dass auch eine leichte Missweisung eine größere Kursabweichung bewirkt, sofern sie nicht ausgeglichen wird. Berücksichtigt man die Missweisung, kann man in offenem Flachland auch weit entfernte Hilfsziele suchen (aber möglichst nicht hinter dem endgültigen Ziel!) und sich auf diese Weise häufige Peilungen ersparen. Zum Anpeilen weiter entfernter Hilfsziele s. u. „Peilung".

Bei geringer Sichtweite – z. B. in dichtem Wald oder bei Nebel – muss ein sehr nah gelegener Punkt als Hilfsziel dienen, u. U. schon ein nur einen Steinwurf weit entfernter Baum. Gehen Sie dann zunächst bis hinter diesen Baum, ehe Sie das nächste Hilfsziel suchen.

Ist **kein Hilfsziel in Kursrichtung** zu finden, so kann man auch einen markanten Punkt etwas abseits dieser Richtung auswählen, wenn er in der Karte eingezeichnet ist. Dann sollte man allerdings auch diesen neuen Kurswinkel ermitteln: Schritt 1 entsprechend wiederholen, indem man mit der Anlegekante Standort und das neu gewählte Hilfsziel verbindet (wichtig, falls man unterwegs das Hilfsziel aus den Augen verlieren sollte). An diesem Punkt angelangt, muss erneut die Kursrichtung (von Hilfsziel zu Ziel) bestimmt werden (Schritte 1 und 2 wiederholen).

Sollte **gar kein Hilfsziel** zu finden sein (etwa auf einer kahlen Ebene, bei Schnee oder dichtem Nebel), so kann man sich behelfen, indem man:

- entweder den **Kompass** ständig vor sich hält (Nordende der Nadel auf Nordmarke) und der Richtung des Kurspfeils folgt (nicht sehr genau!)
- oder einen **Mitwanderer** so weit vorausschickt wie die Sicht reicht und ihn einweist, bis er genau in Kursrichtung steht und als Hilfsziel dienen kann. Dort muss er allerdings stehenbleiben, bis der Wanderer mit dem Kompass ihn erreicht hat. Dann wiederholt sich die Prozedur. Oder der Vorausgehende markiert seinen Standpunkt durch einen Stock o. ä. und kann dann gleich weitergehen (jedoch nie außer Sichtweite). Sobald der zweite Wanderer den mar-

▶ *(oben:) So hält man den Linealkompass zum Peilen in Hüfthöhe über den Kurspfeil.*

▶ *(unten:) So hält man den Linealkompass zum Peilen in Augenhöhe entlang der Kante*

kierten Punkt erreicht hat, muss er den ersten erneut einweisen.

Peilung

Nahegelegene Hilfsziele kann man wie oben beschrieben direkt aus Hüfthöhe in der Verlängerung des Kurspfeils suchen. Bei größeren Entfernungen sollte die Peilung genauer sein.

Einen Linealkompass ohne Spiegel hebt man dazu – ohne seine Richtung zu verändern – mit ausgestrecktem Arm bis auf Augenhöhe und peilt entlang einer Anlegekante. Da man hierbei Kompassnadel und Nordmarke nicht mehr sieht, kann es leicht zu Ungenauigkeiten kommen. Ist man zu zweit, kann einer den Kompass halten und auf die genaue Ausrichtung achten, während der andere peilt. Ist man allein, kann man sich behelfen, indem man den Kompass auf einen Baumstumpf, Felsblock o. ä. legt (oder auf den Rucksack, falls er keine Eisenteile enthält). Dann wird der Kompass exakt ausgerichtet (Nordende der Nadel auf Nordmarke) und an der Kante entlang gepeilt.

Einfacher ist es mit einem Spiegelkompass, der es ermöglicht, gleichzeitig die Nadel zu kontrollieren und über die Kimme hinweg ein Hilfsziel zu suchen.

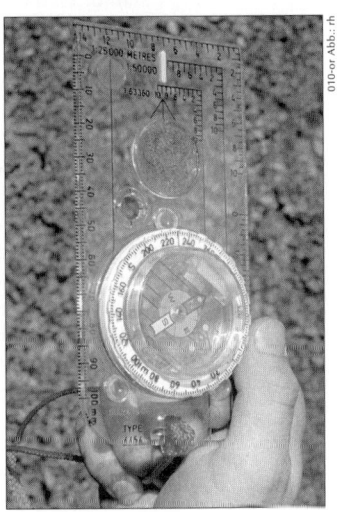

Kompassarbeit

Kursabweichungen korrigieren

Selbst wenn man noch so sorgfältig arbeitet, lassen sich beim Wandern nach Kompass kleine Fehler nicht vermeiden. Kleine Fehler bei der Kursbestimmung bzw. der Übertragung ins Gelände führen zu um so stärkeren Abweichungen vom korrekten Kurs, je länger die Strecke wird, die man nach Kompass geht. Deshalb muss man auf längeren Kompassstrecken jede Möglichkeit nutzen, sich zusätzlich nach Sicht zu orientieren (Näheres dazu s. u. „Groborientierung"). Das bedeutet, dass man unterwegs auf markante Geländepunkte entlang oder nahe der Kursrichtung achtet, die auf der Karte erkennbar sind. Dann kann man auf der Karte überprüfen, ob diese Punkte tatsächlich auf der Linie zwischen Ausgangspunkt und Ziel liegen – bzw. nicht weit links oder rechts davon – und auf diese Weise feststellen, ob der momentane Kurs noch stimmt. Ist dies nicht der Fall, kann man von dem erkannten Geländepunkt aus den neuen Kurswinkel zum Ziel bestimmen und dann diesem Kurs folgen. Damit ist der Fehler korrigiert.

Kursbestimmung ohne Karte

Es gibt aber auch Situationen, in denen der Kompasskurs ohne die Hilfe der Karte bestimmt werden kann. In diesem Fall ist es – anders als bisher – nicht erforderlich, den exakten Standpunkt zu kennen. Diese Situationen werden in den meisten Orientierungsbüchern leider ignoriert.

Beispiel: Sie befinden sich auf einer offenen Ebene und steuern als Zwischenziel einen klar erkennbaren Berggipfel an; das heißt: Sie können ohne Kompasspeilung munter drauflos marschieren. Aber dann taucht ein dichter Wald auf, der zwischen Ih-

nen und dem Berg liegt, und es ist absehbar, dass Sie von diesem Wald aus den angestrebten Gipfel nicht mehr sehen werden. Jetzt können Sie – ohne zunächst Ihren exakten Standpunkt zu bestimmen – den Berggipfel mit dem Kompass anpeilen und den Kurswinkel dorthin bestimmen, wie im Kapitel „Standortbestimmung" beschrieben:
1. Gipfel mit Kurspfeil vom Körper weg anvisieren und 2. Dose drehen bis die Nadel auf die Nordmarke weist. Dabei brauchen Sie nicht einmal die Missweisung zu berücksichtigen, da Sie nicht mit der Karte, sondern nur im Gelände arbeiten.

Ist der Kurswinkel zum angesteuerten Gipfel fixiert, können Sie anhand von Hilfszielen den dichten Wald durchqueren und dabei auch ohne Sicht zum Gipfel den Kurs beibehalten.

Dieses Verfahren ist in allen Situationen hilfreich, in denen ein angesteuertes Ziel vorübergehend aus dem Blickfeld verschwindet; z. B. weil eine tiefe Senke durchquert werden muss oder weil Nebel aufzieht.

Kompassarbeit

Hindernisse umgehen

Am einfachsten ist es, wenn man überraschend auftauchende Hindernisse nach Sicht umgehen kann. Um dabei nicht von seinem Kurs abzukommen, muss man einen jenseits des Hindernisses liegenden Orientierungspunkt in Kursrichtung (Hilfsziel) ausfindig machen, den man entweder während des gesamten Umgehens nicht aus den Augen verliert (z. B.

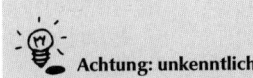

Achtung: unkenntlich
Bäume, Kuppen und andere natürliche Orientierungshilfen sind oft schwer wiederzuerkennen, wenn man sich ihnen aus einer anderen Richtung nähert!

wenn man einen See entlang eines offenen Ufers umgeht) oder zumindest nachher eindeutig wiedererkennen kann.

▶ In einem solchen Flusslabyrinth ist es nicht immer einfach, die aktuelle Position zu kennen.

Beim Umgehen nach Kompass ist man von der Sicht unabhängig und kann das Hindernis auch in dichtem Wald umgehen. Dabei nutzt man im Grunde das gleiche Verfahren wie bei der Kursbestimmung (Schritt 2: „Kurswinkel übertragen") und muss lediglich folgende Grundregel beachten:

Entfernung und Winkel zum Kurs zurück müssen Entfernung und Winkel vom Kurs weg wieder ausgleichen, also gleich groß sein.

Am einfachsten und sinnvollsten ist das Umgehen im rechten Winkel, wenngleich die Entfernung etwas größer sein mag als beim Umgehen im spitzen Winkel. Der eingestellte Kurswinkel bleibt erhalten (nicht verstellen). Anstatt dessen werden einfach die Ostmarke (90°) und die Westmarke (270°) als Umgehungsmarken genutzt.

Das bedeutet: Wenn Sie das Hindernis nach rechts umgehen wollen, lassen Sie das Nordende der Nadel anstatt auf die Nordmarke nun auf die Westmarke einspielen, bzw. beim Umgehen nach links auf die

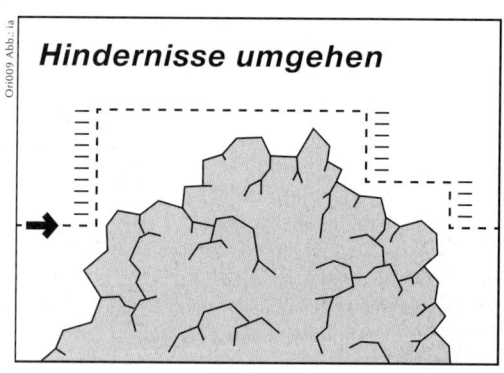

Hindernisse umgehen

Kompassarbeit

Ostmarke. Jetzt können Sie im rechten Winkel zu Ihrem Kurs losmarschieren. Weichen Sie soweit nach rechts oder links von Ihrem ursprünglichen Kurs ab, bis Sie annehmen können, dass Sie den Rand des Hindernisses erreicht haben, und zählen dabei Ihre Schritte (Zahl merken oder notieren bzw. Schrittzähler benutzen). Dann schwenken Sie wieder im rechten Winkel (Nadel wieder auf Nordmarke einspielen lassen) und gehen parallel zu Ihrem ursprünglichen Kurs (hierbei brauchen Sie die Schritte nicht zu zählen), bis Sie annehmen können, dass das Ende des Hindernisses erreicht ist. Dann lassen Sie die Nadel auf die entgegengesetzte Umgehungsmarke einspielen (war es beim Ausweichen Ost, dann ist es beim Zurückkehren West, bzw. umgekehrt) und beginnen wieder, die Schritte zu zählen. Sobald die Schrittzahl erreicht ist, die zum Ausweichen nötig war, befinden Sie sich wieder auf Ihrem ursprünglichen Kurs und lassen die Nadel wieder auf die Nordmarke einspielen.

Diese Beschreibung mag sich kompliziert anhören, aber die Praxis ist sehr einfach.

Missweisung III

Achtung: Wenn die Missweisung mechanisch auf dem Kompass ausgeglichen ist (s. u. „Permanenter Missweisungsausgleich"), dann müssen jetzt unbedingt auch Ost- und Westmarke danach ausgerichtet sein, d. h. im rechten Winkel zur Missweisungsmarke liegen!

▶ *Auch Flussreisen erfordern Positionsbestimmung. Man wird zwar nicht vom Weg abkommen, aber oft kann es sehr wichtig sein, zu wissen, an welcher Stelle man sich befindet!*

Sollte es sich herausstellen, dass Sie nicht weit genug ausgewichen sind, können Sie obige Prozedur beliebig oft wiederholen. Wichtig ist nur, dass Sie die Schritte vom Kurs weg alle addieren und die Schritte zum Kurs zurück alle davon subtrahieren, bis Sie wieder bei Null angelangt sind.

Wo ist Norden?

„Norden ist auf der Landkarte immer oben", das lernt man schon in der Grundschule, und davon sind wir bei der Darstellung der Kompassarbeit bisher ausgegangen, um die Sache für den Anfang nicht unnötig zu komplizieren. Tatsächlich aber gibt es auf der Karte gleich drei verschiedene Nordrichtungen, was manchen zunächst ordentlich verwirren mag. Folgende Nordrichtungen werden unterschieden:

Geografisch-Nord (GeN)

Dies ist die Richtung zum geografischen Nordpol und wird daher auch als **rechtweisend Nord** bezeichnet. In dieser Richtung verlaufen die Längengrade (Meridiane). Da die Erde annähernd eine Kugel ist, verlaufen sie nicht parallel, sondern haben am Äquator den größten Abstand und laufen an den Polen auf einen Punkt zusammen. Auf topografischen Karten verlaufen oft nur die rechten und linken Kartenränder exakt nach Geografisch-Nord und sind daher auch nicht genau parallel (je polnäher, desto stärker die Abweichung von der Parallelrichtung).

Magnetisch-Nord (MaN)

Dies ist (etwas vereinfacht gesagt) die Richtung zum magnetischen Nordpol, also die Richtung, in die gewöhnlich die Kompassnadel weist. Nun liegt

Kompassarbeit

59

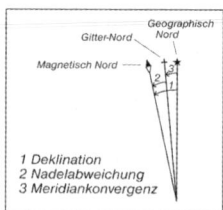

der Magnetpol aber leider nicht am geografischen Pol, sondern über tausend Kilometer davon entfernt, weshalb die Kompassnadel nur an wenigen Stellen der Erde die geografische Nordrichtung anzeigt. Hinzu kommt, dass der Magnetpol seine Lage laufend verändert, seine Bewegungen längerfristig schwer vorherzusagen sind und örtliche Störungen das Magnetfeld zusätzlich beeinflussen. In manchen Regionen (z. B. Mitteleuropa) sind die Abweichungen so gering, dass man sie vernachlässigen kann, aber im Norden Kanadas oder auf Grönland können sie so extreme Werte annehmen, dass die Kompassnadel nach Osten oder Westen weist anstatt nach Geografisch-Nord.

Gitter-Nord (GiN)

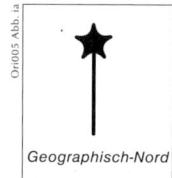

Geographisch-Nord

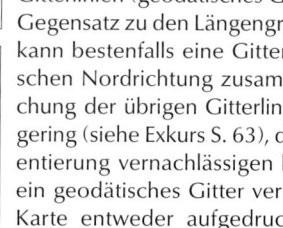

Gitter-Nord

Magnetisch-Nord

Dies ist die Richtung, in die auf vielen topografischen Karten die parallel verlaufenden, senkrechten Gitterlinien (geodätisches Gitter) weisen. Da sie im Gegensatz zu den Längengraden parallel verlaufen, kann bestenfalls eine Gitterlinie mit der geografischen Nordrichtung zusammenfallen. Die Abweichung der übrigen Gitterlinien ist jedoch meist so gering (siehe Exkurs S. 63), dass man sie für die Orientierung vernachlässigen kann. Ist auf der Karte ein geodätisches Gitter verwendet, kann dies der Karte entweder aufgedruckt, durch Kreuzungspunkte der Gitterlinien angegeben oder im Kartenrahmen gekennzeichnet sein.

Or005 Abb. ia

Darstellung
auf topografischen Karten

Auf dem Rand topografischer Karten wird die geografische Nordrichtung meist durch einen Stern gekennzeichnet, die magnetische durch eine stilisierte Kompassnadel oder einen Pfeil und Gitternord durch ein Kreuz oder ein kleines Quadrat.

Isogonenkarte

Die magnetischen Feldlinien verlaufen nicht – entsprechend den Meridianen – regelmäßig und geradlinig auf die Magnetpole zu, sondern weisen beträchtliche Unregelmäßigkeiten auf.

Einen Überblick über die Abweichung der magnetischen von der geografischen Nordrichtung (Deklination) verschaffen sogenannte **Isogonenkarten**, die alle Punkte gleicher Deklination auf einer Linie zusammenfassen.

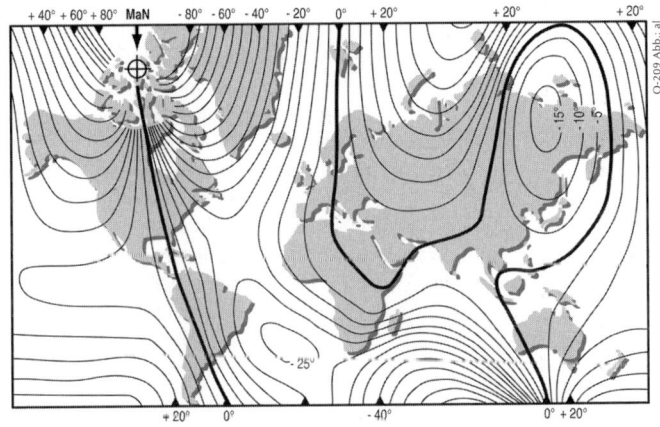

Kartengitter

Entsprechend den unterschiedlichen Nordrichtungen gibt es auch drei verschiedene Arten von Nordlinien:

- **geografische Nordlinien** (entsprechen den Längengraden): Sie weisen exakt die geografische Nordrichtung, verlaufen aber nicht parallel, sondern in Polrichtung aufeinander zu.

- **geodätische Nordlinien** (Gitter für die Landvermessung): Sie verlaufen exakt parallel aber demzufolge nicht ganz genau in der geografischen Nordrichtung.

- **magnetische Nordlinien** (Magnetfeld der Erde): Sie verlaufen in der Nordrichtung, die der Kompass zeigt, also nicht nach Geografisch-Nord sondern zum magnetischen Nordpol, der zudem seine Lage stetig verändert.

Am einfachsten wäre es, mit nach **Magnetisch-Nord** ausgerichteten Linien zu arbeiten, da man in diesem Fall keine Missweisung (s. u.) beachten müsste.Leider sind diese Linien meist nur in speziellen Karten für Orientierungsläufe eingezeichnet, die man im Handel nicht bekommt.

▼ *Deklinationswinkel*

Auf den meisten Wanderkarten ist entweder ein **geografisches** oder ein **geodätisches Gitter** aufgedruckt bzw. im Kartenrahmen markiert. Für Touren in unseren Breiten weichen diese beiden Gitter allerdings so wenig voneinander ab, dass es unwesentlich ist, welches von beiden man benutzt.

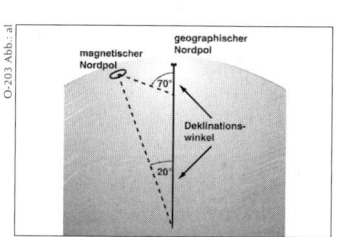

Abweichungen der Nordrichtungen

Die Bezeichnungen für die Abweichungen der drei
einzelnen Nordrichtungen lauten:
- *Deklination*: Winkel zwischen Geografisch-Nord
und Magnetisch-Nord
- *Nadelabweichung:* Winkel zwischen Gitter-Nord
und Magnetisch-Nord
- *Meridiankonvergenz:* Winkel zwischen Gitter-
Nord und Geografisch-Nord

Missweisung

Für die Kompassarbeit spielt vor allem die Abweichung zwischen der magnetischen Nordrichtung und
den Nordlinien auf der Karte eine
Rolle, also die *Deklination* bzw. die
Nadelabweichung (je nachdem ob
auf der Karte ein geografisches
oder – wie meist der Fall – ein geodätisches Gitter eingezeichnet ist).
Als Oberbegriff für Deklination
und Nadelabweichung wird gewöhnlich die Bezeichnung **Missweisung** verwendet (s. u. Exkurs).
Diese Abweichung ist bei topografischen Karten meist auf dem Rand
für ein bestimmtes Jahr angegeben, zusammen mit der voraus-
sichtlichen Veränderung in den folgenden Jahren.

Die *Meridiankonvergenz* ist so
gering, dass man sie für gewöhnli-
che Kompassarbeit unberücksichtigt lassen kann.

Das heisst: Falls man Deklination und Nadelabweichung verwechselt, so hat das keine gravieren-
den Folgen.

Meridiankonvergenz

*In unseren Breiten liegt die Meridian-
konvergenz je nach Gitter etwa
zwischen einem und zwei Grad und
selbst im Norden Skandinaviens und
Alaskas bleibt sie geringer als drei
Grad (das entspricht dem Winkel, den
der Minutenzeiger der Uhr in einer
halben Minute zurücklegt).
Abweichungen bis zu etwa 5 Grad
(= Kursabweichung von 88m auf 1km)
können bei der normalen Kompassarbeit ignoriert werden, sofern man
nicht sehr lange Kompassstrecken
ohne Korrekturmöglichkeit zurücklegt.*

Darstellung auf der Karte

Auf dem Rand topografischer Karten werden gewöhnlich zumindest zwei der drei Abweichungen angegeben. Sind nur zwei Winkel dargestellt, lässt sich der dritte daraus errechnen. Für die Darstellung werden meist Linien mit entsprechender Kennzeichnung und Zahlen für die Größe des Winkels verwendet. Auf manchen Karten sind die Abweichungen aber auch in Worten beschrieben, und gelegentlich wird zusätzlich eine kleine Nebenkarte mit den Isogonenlinien (s. o.) dargestellt.

**Missweisung:
Deklination oder Nadelabweichung?**

*Wo es in diesem Buch um die Abweichung zwischen Magnetisch-Nord und Kartengitter geht, wird stets der Begriff **Missweisung** verwendet, da die Karte entweder ein geografisches oder ein geodätisches Gitter verwendet.*

*Sie müssen daher bei jeder Aufgabe, die mit der Missweisung zu tun hat, darauf achten, ob Ihre Karte ein geografisches oder ein geodätisches Gitter verwendet, und je nachdem mit der **Nadelabweichung** (Differenz zwischen Geodätisch-Nord und Magnetisch-Nord) bzw. der **Deklination** (Differenz zwischen Geografisch-Nord und Magnetisch-Nord) arbeiten!*

Missweisung ausgleichen

Um sich nicht während der gesamten Tour mit diesem Salat von Nordrichtungen herumärgern zu müssen, kann man mit zwei ganz einfachen Tricks die **Missweisung am Kompass ausgleichen** (s. u. „Ausgleich der Missweisung"). Dann müssen Sie sich mit dieser Problematik nur ein einziges Mal beschäftigen: nämlich vor Ihrem Abmarsch. Und unterwegs können Sie die ganze Widersprüchlichkeit der

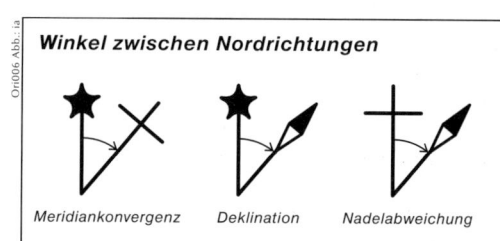

Winkel zwischen Nordrichtungen

Meridiankonvergenz   Deklination   Nadelabweichung

Nordrichtungen getrost vergessen. Außerdem gibt es verschiedene Möglichkeiten, die **Missweisung auf der Karte auszugleichen**, die genau zum gleichen Resultat führen, aber etwas komplizierter sind.

Missweisung aus der Natur bestimmen

In manchen Fällen muss man die Missweisung selbst messen; z. B. wenn

- die Karte keine Missweisung angibt
- die Angaben der Karte älter als 10 Jahre sind
- mit magnetischen Störungen zu rechnen ist
- man magnetische Nordlinien auf einer Karte ohne Gitter einzeichnen will.

Um die Missweisung mit dem Kompass bestimmen zu können, muss

1. der **Standort** genau bekannt sein und
2. ein möglichst weit entfernter **Orientierungspunkt** sichtbar sein, den man auf der Karte identifizieren kann.

Verbinden Sie auf der Karte Standort und Orientierungspunkt mit einer geraden Linie. Dann messen Sie mit dem Kompass den Winkel zwischen dieser Linie und den senkrechten Linien des Kartengitters. Peilen Sie nun mit dem Kompass (am besten Spiegelkompass mit Visier) den Orientierungspunkt möglichst genau an und lesen Sie den Winkel ab.

Nordmarke

Bei einem Kompass mit Missweisungsausgleich muss für diese Aufgabe die Nordmarke bei Null stehen.

Die Missweisung erhalten Sie, indem Sie von dem im Gelände gemessenen Winkel den in der Karte gemessenen abziehen; also:

Geländewinkel – Kartenwinkel = Missweisung

Positive Werte ergeben eine östliche, negative eine westliche Abweichung.

Beispiel: Geländewinkel 185°, Kartenwinkel 192°
ergibt: 185° – 192 = –7°
Die Missweisung beträgt also –7°
(= 7° westliche Missweisung).

Ist auf der Karte das geografische Gitter eingezeichnet, haben Sie die **Deklination** ermittelt; ist ein geodätisches Gitter eingezeichnet, handelt es sich um die **Nadelabweichung**.

Beachten: Falls Geografisch-Nord zwischen der Kartenpeilung und der Geländepeilung liegt, müssen Sie ein positives Resultat noch von 360° abziehen; bzw. vom Zahlenwert eines negativen Resultats 360° abziehen.

Beispiel 1: Geländewinkel 355°, Kartenwinkel 5°
ergibt: 355° – 5° = 350°
                 360° – 350° = +10°
Die Missweisung beträgt also +10°
(= 10° östliche Missweisung).

Beispiel 2: Geländewinkel 5°, Kartenwinkel 355°
ergibt: 5° – 355° = –350°
                 350° – 360° = –10°
Die Missweisung beträgt also – 10°
(= 10° westliche Missweisung).

▶ *Im Winter ist die Orientierung oft durch Schneetreiben, Nebel und Dämmerlicht erschwert.*

Ausgleich der Missweisung

Die Missweisung wird unterschiedlich ausgeglichen, je nachdem, ob man einen Winkel von der Karte ins Gelände überträgt oder umgekehrt. Das leuchtet rasch ein, wenn man sich die Sache praktisch vorstellt: Ist der Winkel in der Natur größer als auf der Karte, muss er beim Übertragen vom Gelände auf die Karte entsprechend verkleinert werden, bei der Übertragung von der Karte ins Gelände hingegen muss man ihn um das gleiche Maß vergrößern.

Man kann die Missweisung bei Einzelmessungen korrigieren, indem man die Kompassdose um den entsprechenden Winkel verstellt oder indem man die Nadel statt auf „N" auf die Missweisungsmarke ausrichtet.

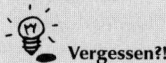

Vergessen?!

Die Korrektur bei jeder Einzelmessung ist nicht nur aufwendig und lästig, sondern kann leicht auch einmal vergessen werden! Bei Kompassrosen, die in 5°-Schritten unterteilt sind, ist es außerdem kaum möglich, den Winkel exakt einzustellen. Deshalb sind die unten genannten Methoden „Kompass mit Missweisungsausgleich" und „Korrektur auf der Karte" vorzuziehen, bei denen die Missweisung unterwegs nicht mehr beachtet werden muss.

Korrektur mit der Kompassdose (auf der Karte)

Auf der Karte wird der Winkel durch Lineal und Nordlinien fixiert, im Gelände durch Lineal und Kompassnadel. Da die Nordlinien nach Kartennord (also Geografisch- bzw. Gitternord) ausgerichtet werden, die Nadel jedoch nach Magnetisch-Nord, erhält man unterschiedliche Winkel. Um einen Winkel richtig zu übertragen, muss er natürlich gleich groß bleiben.

Beispiel: Auf der Karte ist eine Missweisung von –12° angegeben. Das heißt, MaN liegt 12° westlich (links) von Kartennord. Messen wir auf der Karte nun den Kurswinkel und suchen mit diesem Winkel ein

67

Hilfsziel in der Natur, so liegt es natürlich um 12° zu weit links (westlich) vom tatsächlichen Kurs. Um diesen Fehler auszugleichen, müssen wir nach dem Messen auf der Karte, aber vor dem Übertragen ins Gelände den Winkel um 12° nach rechts korrigieren, also vergrößern. Haben wir auf der Karte einen Kurswinkel von 60° gemessen, so stellen wir nun einen Winkel von (60+12 =) 72° ein. Das heißt, die Kompassdose muss um 12° gegen die Uhrzeigerrichtung gedreht werden. (Die Nordlinien der Dose laufen nun nicht mehr parallel zum Gitter, sondern im Winkel von 12° dazu.) Dadurch ist die Missweisung ausgeglichen, und wenn wir nun die Nadel auf die Nordmarke einspielen lassen, suchen wir unser Hilfsziel tatsächlich genau in der Richtung des tatsächlichen Ziels.

Diese Methode hat den Vorteil, dass man die Missweisung nur bei der Bestimmung des Kurswinkels auf der Karte berücksichtigen muss. Auf dem weiteren Marsch kann man sie so lange vergessen und wie gewohnt verfahren, bis man einen neuen Kurswinkel bestimmen muss.

Übersicht

Westliche Missweisung:

Bei der **Messung auf der Karte** ist der Winkel Lineal/Nordlinien um x° kleiner als der Winkel Lineal/Magnetisch-Nord bei der Peilung, also muss für die Peilung im Gelände der Winkel Lineal/Magnetisch-Nord (= Nadelrichtung) um x° vergrößert werden (= hinzuzählen). Also: Kompassdose um x° nach links (entgegen dem Uhrzeigersinn) drehen.

Bei der **Peilung im Gelände** ist der Winkel Lineal/Magnetisch-Nord (= Nadelrichtung) um x° größer als der Winkel Lineal/Nordlinien, also muss der Winkel für die Arbeit auf der Karte um x° verkleinert werden (= abziehen). Also: Kompassdose um x° nach rechts (im Uhrzeigersinn) drehen.

Östliche Missweisung

Bei der *Messung auf der Karte* ist der Winkel Lineal/Nordlinien um x° größer als der Winkel Lineal/MaN, also muss für die Peilung im Gelände der Winkel Lineal/Magnetisch-Nord (= Nadelrichtung) um x° verkleinert werden (= abziehen). Also: Kompassdose um x° nach rechts drehen.

Bei der *Peilung im Gelände* ist der Winkel Lineal/Magnetisch-Nord (= Nadelrichtung) um x° kleiner als der Winkel Lineal/Nordlinien, also muss der Winkel für die Arbeit auf der Karte um x° vergrößert werden (= hinzuzählen). Also Kompassdose um x° nach links drehen.

Korrektur mit der Nadel (im Gelände)

Umgekehrt kann man die Missweisung auch mit der Kompassnadel ausgleichen, indem man die Nadel anstatt auf die Nordmarke einfach auf die angegebene Missweisungszahl einspielen lässt. Dann kann man den Kurswinkel auf der Karte wie gewohnt messen und braucht sich auch nicht den Kopf darüber zu zerbrechen, ob die Missweisung nun zugezählt oder abgezogen werden muss.

Beachten Sie jedoch: Bei einer westlichen Missweisung wird gewöhnlich nicht der Winkel angegeben, den die Nadel anzeigt, wenn die Nordmarke nach Geografisch-Nord ausgerichtet ist, sondern die Gradzahl der Abweichung, entgegen der Uhrzeigerrichtung gemessen! Bei einer Missweisung von –20° (westlich) müssen Sie also die Nadel nicht etwa auf 20° ausrichten, sondern auf –20° also (360–20 =) 340°.

Nachteil: In diesem Fall muss man *bei jeder Peilung* daran denken, dass die Nadel nicht auf die Nordmarke, sondern auf die Missweisungszahl eingestellt werden muss. Da es jedoch leicht passiert, dass man dies einmal vergisst, und es vor allem beim Peilen mit dem Linealkompass schwierig ist, die Nadel ohne Hilfsmittel genau auf eine Gradzahl auszurichten, sind die folgenden Lösungen vorteilhafter.

Permanenter Missweisungsausgleich

Um die Missweisung nicht bei jeder einzelnen Messung berücksichtigen zu müssen, kann man für einen „permanenten Missweisungsausgleich" sorgen. Dies kann entweder am Kompass geschehen oder auf der Karte.

Kompass mit Missweisungsausgleich

Ein Kompass mit Missweisungsausgleich bietet die bequemste und sicherste Möglichkeit, die Missweisung „permanent" zu berücksichtigen, ohne bei jeder Messung darauf achten zu müssen. Er besitzt eine drehbare Zusatzskala, die es ermöglicht, die Nordmarke gegenüber den Nordlinien der Dose um den Missweisungswinkel zu verstellen. Sie müssen dann nur die Nordmarke auf den angegebenen Missweisungswinkel einstellen (also um die angegebene Missweisungszahl nach Ost (im Uhrzeigersinn) oder nach West (entgegen dem Uhrzeigersinn) drehen), dann brauchen Sie während der gesamten Tour überhaupt nicht mehr auf die Missweisung zu achten (sofern Sie nicht in einer Region mit örtlich stark schwankender Missweisung unterwegs sind). Lassen Sie nach dem Einstellen der Missweisung – genau wie sonst – im Gelände die Nadel auf die Nordmarke einspielen und richten auf der Karte die Nordlinien der Dose nach den senkrechten Gitterlinien aus, so wird die Missweisung stets „automatisch" berücksichtigt.

Achtung: Denken Sie jedoch daran, den Missweisungswinkel für die nächste Tour in einer anderen Region ggf. neu einzustellen!

Missweisungsmarke

Besitzt man nur einen Kompass ohne Missweisungsausgleich, so kann man sich dadurch behelfen, dass man auf der Dose eine feine Markierung bei der angegebenen Missweisungszahl anbringt (bei Ost im Uhrzeigersinn, bei West entgegen dem Uhrzeigersinn von der Nordmarke aus).

Bei einer Missweisung von 10° Ost also bei der 10°-Marke, bei 20° West bei der (360 – 20 =) 340°-Marke. Dann lassen Sie im Gelände die Nadel nicht wie sonst auf die Nordmarke, sondern auf diese Markierung einspielen und verfahren ansonsten wie üblich. (Sie haben's sicher gemerkt: das ist im Grunde nichts anderes als die oben beschriebene „Korrektur mit der Nadel".)

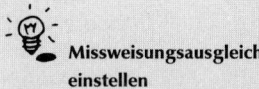

Missweisungsausgleich einstellen

Die verstellbare Missweisungsscheibe am Kompass sollte ohne großen Aufwand verstellbar aber gegen versehentliches Verschieben gut gesichert sein. Außerdem sollte sie 180° umfassen, so dass beim Einstellen der Missweisung zugleich auch die Umgehungsmarken (90° = Ost und 270° = West) mit verschoben werden.

Ausgleich auf der Karte

Die bequemste Lösung für die Berücksichtigung der Missweisung wäre eine Karte, auf der anstatt eines geografischen oder geodätischen Gitters gleich das magnetische Gitter eingezeichnet ist. Solche Karten sind selten, aber man kann sich behelfen, indem man die senkrechten Linien eines solchen Gitters vor der Tour selbst einzeichnet. Je nachdem, welche Hilfen die Karte bietet, gibt es dazu verschiedene Möglichkeiten.

Achtung: Da die Kompassarbeit unterwegs nur so exakt sein kann, wie die eingezeichneten Nordlinien, sollte man diese besonders sorgfältig und am besten schon zu Hause mit einem langen Lineal einzeichnen.

Kompassarbeit

Nach Missweisungsskala

Am einfachsten hat man es bei Karten, die im waagerechten Teil des Rahmens eine Missweisungsskala besitzen und auf der gegenüberliegenden Seite eine Markierung, die gewöhnlich mit „M" bzw. „P" (Militärkarten) gekennzeichnet ist. Verbindet man diese Marke durch eine gerade Linie mit der aktuellen Missweisung auf der Skala, so erhält man die magnetische Nordrichtung. Zu dieser Linie müssen nun noch in regelmäßigem Abstand Parallelen gezogen werden – entweder auf der gesamten Karte oder zumindest auf dem Ausschnitt, der für die geplante Tour relevant ist.

Nach Berechnung

Bei Karten ohne Missweisungsskala muss man sich mit einer rechnerischen Lösung behelfen. Da es schwierig ist, Winkel ganz exakt zu zeichnen, rechnet man aus, um welches Maß sich die senkrechten Linien des magnetischen Gitters gegenüber den Linien des Kartengitters verschieben. Diesen Wert erhält man, indem man den Tangens der Missweisung mit der Höhe des Kartenbildes multipliziert:

Eine Tabelle mit den Tangenswerten findet sich im Anhang.

Verschiebung = Tangens Missweisung x Kartenhöhe

Beispiel: Missweisung 8°; Kartenhöhe 40 cm

Tangens 8° = 0,1405

0,1405 x 40 cm = 5,62 cm

Das heißt: das Nordende der magnetischen Nordlinien muss vom Ende der Gitterlinien am oberen Kartenrand um rund 5,6 cm versetzt werden – bei westlicher Missweisung nach links (West), bei östlicher nach rechts (Ost). Nachdem man die Verschiebung möglichst genau am oberen Kartenrand abgetragen hat, kann man mit Hilfe eines langen Lineals das untere Ende der Linien des Kartengitters mit diesen Markierungen am oberen Rand verbinden und erhält so die magnetischen Nordlinien.

Beachten: Auf Karten mit geografischem Gitter verwenden Sie den Tangens der Deklination; auf Karten mit geodätischem Gitter den Tangens der Nadelabweichung!

Nach Messung

In manchen Situationen muss die Missweisung direkt aus der Natur ermittelt werden (s. o.). Der ermittelte Wert wird als magnetische Nordlinie in die Karte eingezeichnet. Zu dieser Linie müssen dann in regelmäßigem Abstand Parallelen gezogen werden. Da es unterwegs schwierig ist, lange Parallelen über das gesamte Kartenblatt exakt zu zeichnen, genügen kürzere Linien entlang der geplanten Route. In Regionen mit örtlich rasch wechselnder Missweisung kann es sogar sinnvoll sein, die Parallelen nur für die nächsten Kilometer einzuzeichnen und dann die Missweisung neu zu bestimmen.

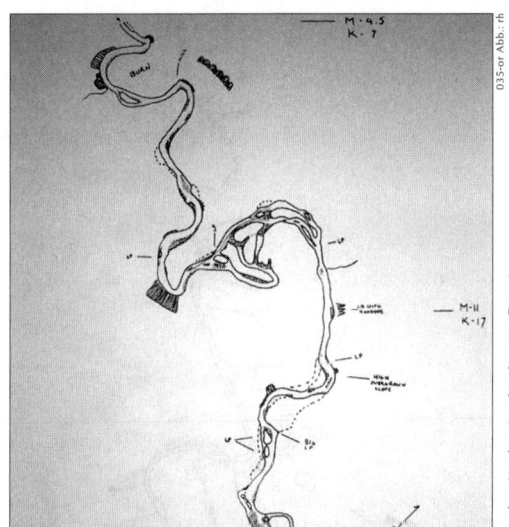

035-or Abb.: rh

Kompassarbeit

000xg Abb.: xx

◀ *Flussskizzen (engl.: Channel Charts) sind für Kanutouren oft hilfreicher als topografische Karten, da sie mehr spezifische Informationen enthalten.*

Vereinfachte
Orientierung

Vereinfacht

Vereinfachte Orientierung

Wer sich nun endlich schwitzend durch das trockene Kapitel der Kompassarbeit hindurchgerackert hat, der wird vielleicht dieses Buch am liebsten in die Ecke schmeißen, den Rucksack gleich hinterher und lieber in der Stube am Ofen sitzen bleiben. Gründlich abgeschreckt von der Vorstellung, ständig mit dem Kompass durch die Gegend laufen und bei jedem zweiten Baum den Kurswinkel bestimmen zu müssen.

Halt! Nicht so schnell! Denn Sie werden gleich feststellen, dass die Praxis ganz anders aussieht. Tatsächlich ist das Wandern nach Kompass nicht der Normalfall, sondern die Ausnahme. Ich habe viele mehrtägige und mehrwöchige Wanderungen gemacht, auf denen ich den Kompass nicht ein einziges Mal wirklich benötigt habe. Und bei den übrigen habe ich ihn nur in seltenen Ausnahmefällen tatsächlich gebraucht.

Aber warum soll man sich dann überhaupt mit der ganzen Materie herumärgern?

●Weil man sich in manchen Gebieten mit unübersichtlichem Gelände nur mit dem Kompass zurechtfinden kann.
●Weil jederzeit – selbst auf der harmlosesten Tageswanderung – plötzlich eine Situation auftreten kann, in der man auf diese Hilfsmittel angewiesen ist.

Dann muss man nicht nur einen Kompass im Rucksack haben, sondern auch damit umgehen können. Sonst kann man das Ding gleich zu Hause lassen oder in die nächste Schlucht schmeißen und in der Wildnis zugrunde gehen oder auf das Rettungsteam warten. Also muss die Materie sitzen, auch wenn man sie nur selten ernsthaft benötigen sollte.

Groborientierung und Feinorientierung

Es gibt zwei gute Gründe dafür, warum man nicht so viel wie möglich, sondern so wenig wie möglich nach Kompass wandern sollte (und nur so viel wie nötig). Erstens natürlich, weil es ohne Kompass viel bequemer ist, und zweitens, weil selbst die sorgfältigste Kompassarbeit immer noch Ungenauigkeiten enthält, die sich über längere Strecken ebenso deutlich wie unangenehm bemerkbar machen. Über größere Entfernungen hinweg ist es allein mit dem Kompass selbst bei exaktem Arbeiten unmöglich, einen bestimmten Punkt zu treffen. Deshalb sollte man auch – und gerade – wenn man überwiegend nach Kompass marschieren muss, folgendes beachten:

1. lange Kompassstrecken vermeiden, indem man sie in einzelne Abschnitte unterteilt und dabei jedesmal neue, nahegelegene Orientierungspunkte (*Zwischenziele*) nutzt;

2. ständig Gelände und Karte vergleichen, um Abweichungen zu bemerken und korrigieren zu können;

3. Hilfslinien im Gelände nutzen, die man – je nachdem, wie sie verlaufen – als *Leit-* oder *Auffanglinien* bezeichnet (Näheres dazu s. u.).

Reine Kompassorientierung wird als **Feinorientierung** bezeichnet, das, was man bei den Punkten 2. und 3. tut, ist die **Groborientierung** – und genau daraus besteht die Orientierungspraxis auf Wanderungen zu über 90 %: immer wieder Karte und Landschaft vergleichen und alle Orientierungshilfen der Natur nutzen. Dazu gehören nicht nur vielfältige Geländemerkmale, sondern z. B. auch Sonnenstand und Windrichtung, mit deren Hilfe man selbst in einem Gelände ohne sonstige Orientierungspunkte – zumindest über kürzere Strecken – grob die Richtung halten kann. Natürlich kann das auch tüchtig danebengehen, wenn man sich etwa allein auf die Windrichtung verlässt und diese sich unmerklich ändert. Deshalb ist es stets wichtig, ***möglichst viele Orientierungshilfen*** einzubeziehen.

Leitlinien und Auffanglinien

Leitlinien sind im Gelände erkennbare Linien, die mehr oder weniger genau in der geplanten Kursrichtung verlaufen und daher zur Groborientierung ausreichen, so dass man ihnen ohne Kompass und Kurswinkelbestimmung folgen kann. Das kann z. B. ein Bach, ein Waldrand, ein Seeufer oder ein Berghang sein oder in besiedelten Regionen Hochspannungsleitungen, Bahndämme – und im bequemsten Fall natürlich ein Pfad. Liegt das Ziel direkt an der Leitlinie oder in sichtbarer Nähe, so kann man ganz auf den Kompass verzichten. Ist dies nicht der Fall, kann man bis zu einem Punkt nahe dem Ziel ohne Kompass der Leitlinie folgen, und erst wenn man dort einen in der Karte erkennbaren Punkt erreicht hat (z. B. einen Knick der Leitlinie), beginnt die Kompassorientierung.

Auffanglinien unterscheiden sich nur dadurch von den Leitlinien, dass sie nicht vom momentanen Standpunkt aus in Kursrichtung führen, sondern mehr oder weniger quer dazu verlaufen. Hat man eine Auffanglinie erreicht, kann sie möglicherweise sofort zur Leitlinie werden. Außerdem hilft sie uns dabei, festzustellen, wie weit wir gelangt sind und evtl. auch, wann wir zur Feinorientierung übergehen müssen. Beispielsweise wenn wir einem Seeufer (Leitlinie) folgen und wissen, dass kurz hinter der Einmündung einer Baches (Auffanglinie) etwa 500 m landeinwärts im Wald eine Hütte steht. Also beginnt man an der Bachmündung mit der Feinorientierung. Läge die Hütte direkt am Bach, könnt man auf der weiteren Strecke diesen als Leitlinie benutzen und auf den Kompass wieder einmal ganz verzichten.

Wichtig: Mit der Feinorientierung kann man nur beginnen, wenn man seinen Standort kennt, also an Stellen wie der obigen Bachmündung. Ist eine solche Stelle nicht zu finden, muss man den Standort ggf. mit einer Kompasspeilung bestimmen (s. o.) – aber das ist wiederum eher die Ausnahme.

Beispiele zur Nutzung von Auffanglinien
Beispiel 1 – Auffanglinie quer zur Kursrichtung
Gesetzt den Fall, Sie haben Ihr Zelt an einem Fluss in dichtem Wald aufgeschlagen und von dort eine Tagestour in die Berge unternommen, um einen Gipfel zu besteigen. Nun wollen Sie zurück zum Camp. Die grobe Richtung kennen Sie ja, und möglicherweise können Sie das Camp vom Gipfel aus sogar sehen. Was läge nun also näher, als genau in diese Richtung loszuziehen.

Naheliegend ja, aber klug wäre es nicht. Denn dass Sie die Richtung exakt genug einhalten, um nach der Strecke durch dichten Wald diesen Punkt zu treffen, das wäre selbst mit Kompass und sorgfältigster Peilung höchst unwahrscheinlich. Und wenn Sie dann die Auffanglinie (den Fluss) erreichen, wissen Sie nicht, ob das Lager stromauf oder stromab liegt. Wohin? Zunächst gehen Sie in die eine

◀ *Orientierung mit Hilfe einer Auffanglinie*

Vereinfacht

Richtung, finden nichts, machen kehrt, gehen den Weg zurück und in die andere Richtung. Dort finden Sie wieder nichts, weil die erste Richtung vielleicht doch die richtige war, und Sie nur nicht weit genug gegangen sind. Also wieder zurück und den ganzen Weg ein weiteres Mal. Und inzwischen sind Sie natürlich total erschöpft, genervt, und obendrein wird es vielleicht auch noch dunkel.

Also lieber gleich vom Gipfel aus bewusst deutlich weiter links oder rechts halten, dann weiß man beim Erreichen des Flusses, welche Richtung man einschlagen muss.

Beispiel 2 – Auffanglinie in Kursrichtung

Nicht immer tut uns die Auffanglinie den Gefallen, so zu verlaufen, wie sie es der Definition nach sollte – nämlich quer zur Kursrichtung. Dann müssen wir selbst dafür sorgen, dass sie uns quer entgegenkommt. Gesetzt den Fall, Sie sind von einer Hütte aus einen Pfad entlang gewandert, der irgendwo im Wald aufgehört hat. Danach sind Sie noch etwa zwei Stunden ohne Pfad in etwa derselben Richtung weitergegangen. Wenn Sie jetzt kehrt machen, um zur Hütte zurück zu wandern, wird es natürlich sehr schwierig sein, genau das Pfadende wieder zu finden. Also gehen Sie wieder bewusst ein Stück zu weit links oder rechts und zwar sicherheitshalber etwas länger als zwei Stunden und biegen dann im rechten Winkel ab. Sind Sie am Morgen bergauf gewandert und gehen nun bergab, reichen auch zwei Stunden, da Sie bergab in der gleichen Zeit eine längere Strecke zurücklegen. Auf diese Weise liegt der Pfad tatsächlich quer zu Ihrer Marschrichtung, und Sie können ihn gar nicht verfehlen (sofern er überhaupt klar erkennbar ist).

▼ *Auffanglinie längs zum Kurs*

O-222 Abb.: al

2 Std.

2,5 Std.

Natürlich funktioniert das alles nicht nur auf Tageswanderungen. Nur haben Sie dann beim zweiten Beispiel kein festes Zeitmaß, sondern müssen einfach so lange gehen, bis Sie sicher sind, dass Sie sich neben dem Pfad befinden. Und es muss auch kein Pfad sein, sondern irgendeine plötzlich endende Leitlinie; z. B. ein Bach, der dort entspringt.

Beispiel 3 – Völlig verirrt?

Angenommen, Sie sind in einem vollkommen menschenleeren Wildnisgebiet Alaskas unterwegs – ob Tagestour oder wochenlanger Marsch sei diesmal dahingestellt. Auf jeden Fall haben Sie sich so gründlich verlaufen, dass Sie beim besten Willen keine Ahnung mehr haben, wo Sie sind. Eine Karte haben Sie auch nicht dabei, der Kompass ist verlorengegangen oder liegt zu Hause im Schrank. Nur einen Trumpf haben Sie noch im Ärmel: Sie wissen, dass irgendwo westlich von Ihnen der Alaska Highway verlaufen muss. Also doch nicht völlig verirrt.

Sie müssen jetzt z. B. mit Hilfe der Sonne die grobe Westrichtung bestimmen und brauchen dann nur noch immer in diese Richtung zu marschieren. Natürlich hört sich das viel einfacher an als es tatsächlich ist. Denn Sie haben ja ohne Karte keine Ahnung, was alles an Mooren, Flüssen, schroffen Bergen und sonstigen Hindernissen zwischen Ihnen und dem Highway liegt. (Jetzt wären Sie garantiert froh um Karte und Kompass und würden für Ihr Leben gerne Kurswinkel messen, ins Gelände übertragen und dabei sogar beliebig viele Deklinationswinkel berücksichtigen!) Nein, einfach ist es nicht – aber eine Chance!

Kurs nach Zwischenzielen festlegen

Da bei langen Kompassstrecken selbst minimale Ungenauigkeiten zu beträchtlichen Abweichungen vom Kurs führen, sollte man jede Möglichkeit nutzen, um

Vereinfacht

diese Strecken zu unterteilen. Eine wichtige – und von vielen Orientierungsbüchern leider kaum oder gar nicht berücksichtigte – Möglichkeit dazu bieten **Zwischenziele** (Definition s. Abs. „Hilfsziel" im Kapitel „Kursbestimmung"). Wenn Sie etwa eine 20 km entfernte Hütte ansteuern, die nicht an einer Leit- oder Auffanglinie liegt und im dichten Wald auch nur aus nächster Nähe erkennbar ist, so werden Sie sie mit an Sicherheit grenzender Wahrscheinlichkeit *nicht* finden, wenn Sie nur nach Kompass marschieren. Also suchen Sie entlang der Strecke zwischen Start und Ziel Orientierungspunkte, die auf der Karte identifizierbar sind. Das können z. B. Berggipfel, Bachmündungen, Brücken, Schutzhütten, Lichtungen, kleine Teiche, Buchten, auffällige Flussschleifen oder sonstige prägnante Geländemerkmale sein. **Sie sollen möglichst nahe an der direkten Route liegen, um größere Umwege zu vermeiden, müssen sich aber nicht direkt auf der Linie Start-Ziel befinden.**

Diese Orientierungspunkte dienen als **Zwischenziele** und werden genauso behandelt, wie das eigentliche Ziel; d. h. Sie messen – wie im Kapitel „Kursbestimmung" beschrieben – auf der Karte den Kurswinkel zum ersten Zwischenziel, übertragen ihn ins Gelände, suchen ein geeignetes Hilfsziel und marschieren darauf zu. Wenn Sie das Hilfsziel erreicht haben, suchen Sie mit der gleichen Kompasseinstellung das nächste Hilfsziel – und so weiter, bis Sie das erste Zwischenziel erreicht haben. Da die Kompassstrecke bis zum Zwischenziel weit kürzer ist als die Gesamtstrecke, werden Sie es nicht oder nur unwesentlich verfehlen. Und selbst wenn Ihr Kurs nicht exakt stimmt, wird das Zwischenziel von Ihrer Marschroute aus vermutlich sichtbar sein, so dass Sie die Abweichung mühelos korrigieren können. Dort angelangt müssen Sie aus der Karte den Kurswinkel vom ersten zum zweiten Zwischenziel bestimmen und verfahren wie gehabt. Diese Methode bietet den Vorteil, dass Sie geringe Kursabweichungen unterwegs immer wieder korrigieren können und selbst in unübersichtlichem Gelände, das kaum oder keine Möglichkeiten zur Positionsbestimmung bietet, immer wieder einen exakt bekannten Standort haben, von dem aus Sie das nächste Zwischenziel anpeilen können.

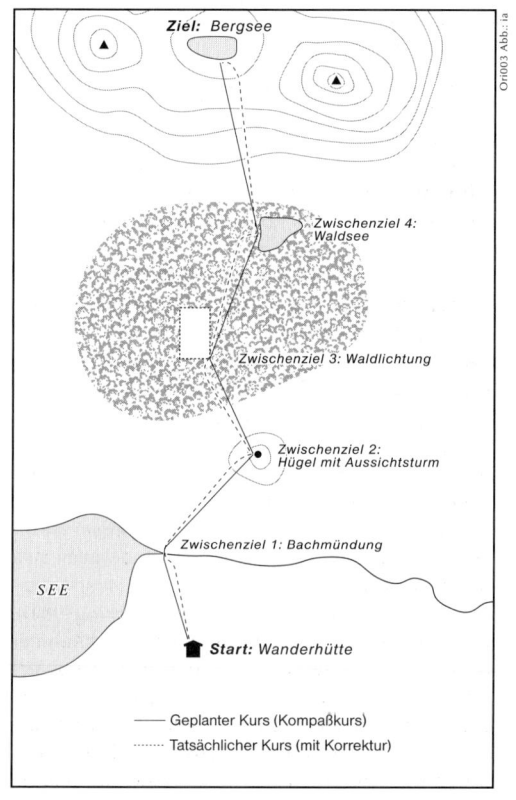

Ori003 Abb.: ia

Ziel: *Bergsee*

Zwischenziel 4: *Waldsee*

Zwischenziel 3: *Waldlichtung*

Zwischenziel 2: *Hügel mit Aussichtsturm*

Zwischenziel 1: *Bachmündung*

SEE

🏠 **Start:** *Wanderhütte*

—— Geplanter Kurs (Kompaßkurs)

······ Tatsächlicher Kurs (mit Korrektur)

Vereinfacht

Praxisbeispiele zur Grob- und Feinorientierung

Fassen wir kurz zusammen, was in der Praxis wichtig ist:

Orientierung:
1. kurze Kompassstrecken (also Zwischenziele)
2. Leit- und Auffanglinien nutzen
3. möglichst viele Orientierungshilfen nutzen

Routenwahl:
1. möglichst sichere
2. möglichst mühelose
3. möglichst leicht zu findende Route

Spielen wir das einmal an einem praktischen Beispiel durch. Dabei gehen wir davon aus, dass Sie zu der nebenstehenden Routenskizze die topographische Karte haben und vom Parkplatz (P) ausgehend die Hütte (Z1) erreichen wollen. Zunächst können Sie dem Pfad folgen, den Sie irgendwann verlassen müssen, um zum Pass (1) hinaufzusteigen. Bei klarer Sicht können Sie auf den Kompass verzichten und einfach von einem beliebigen Punkt aus in Richtung Pass wandern. Ist hingegen mit Sichtbehinderung durch Nebel, Strauchwerk o. ä. zu rechnen, müssen Sie vor dem Verlassen des Pfades den Kurs bestimmen. Hierzu muss entweder der Passeinschnitt klar erkennbar sein (dann können Sie ihn direkt anpeilen und ohne Karte den Kurswinkel messen) oder Sie müssen zunächst Ihren Standort bestimmen. Dazu bietet sich die Weggabelung an, bei der Sie den Standort direkt aus der Karte entnehmen können. Wollen Sie den Pfad an einer anderen Stelle verlassen, können Sie einen der beiden Gipfel anpeilen – die Position ergibt sich aus der Schnittlinie der Peilrichtung mit dem Pfad (Standlinie).

Würde zum Pass hinauf (anders als in der Skizze

dargestellt) ein klar eingeschnittenes Tal führen oder vom Pass nach Süden ein Bach fließen, könnte man den Pass auch bei schlechter Sicht ohne Kompass finden, indem man einfach dem Taleinschnitt oder dem Bach folgt.

Wäre der Berg A nicht vorhanden, hätte man vom Pass freien Blick auf den Gipfel B und könnte ohne Kompass direkt darauf zu marschieren. (Weil das zu

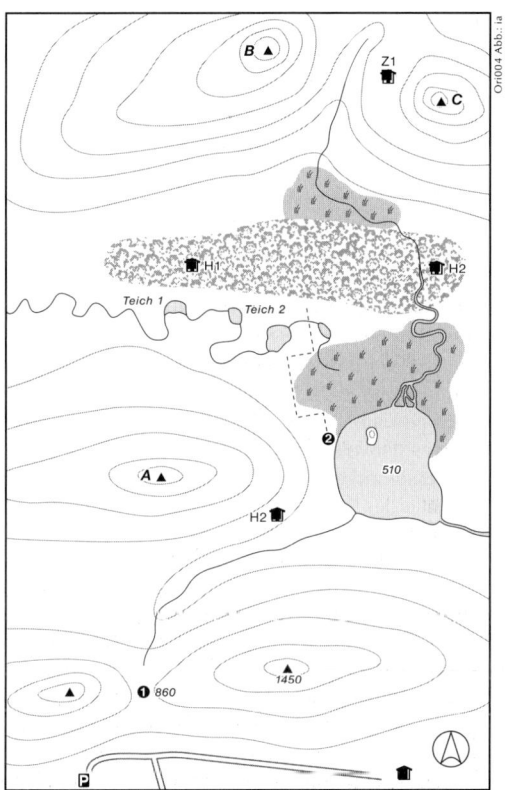

Vereinfacht

einfach wäre, habe ich den Berg A in die Landschaft gepflanzt.) Jetzt haben Sie die Wahl: Sie können z. B. mit dem Kompass den Kurs zum Gipfel B aus der Karte bestimmen und direkt in diese Richtung über die (relativ flache) Schulter von Berg A marschieren. Bei klarer Sicht können Sie sogar ohne Kompass (nur nach Karte und Sicht) die Schulter des Berges A ansteuern und dann auf den Gipfel B zuhalten, sobald dieser in Sicht kommt. Aber bei Nebel oder tiefhängenden Wolken müssten Sie die gesamte (lange!) Strecke nach Kompasskurs marschieren ohne Orientierungspunkte, die eine Positionsbestimmung ermöglichen. Wenn Sie die Hütte Z1 erreichen wollen, wäre dies sogar machbar, da der relativ steil aus der Ebene aufsteigende Berghang B-C als Auffanglinie dienen kann, der Sie dann nach Osten folgen, bis Sie die nächste Auffanglinie (den Bach) erreichen. Würden Sie hingegen die Schutzhütte H1 ansteuern, die im dichten Wald zwischen Berg A und Gipfel C liegt, so wäre es höchst unwahrscheinlich, sie auf diese Entfernung nur nach Kompasskurs zu treffen (andererseits stehen Hütten nur selten irgendwo mitten im Wald, sondern meist an einem Pfad, einem Bach, einem Seeufer o. ä., so dass man wieder eine Auffanglinie hätte). Um die Schutzhütte H1 anzusteuern, wäre es sinnvoller Bach und Seeufer als Leitlinien zu benutzen und am Beginn des Sumpfes die Position mit Hilfe des Gipfels von Berg A zu bestimmen und den Kurswinkel zu Teich 1 (auf die Mitte halten) festzulegen. Dann können Sie dem Ufer bis zur Einmündung des Baches folgen und an diesem Punkt schließlich den Kurswinkel zur Hütte H1 messen.

Als zweite Alternative bietet sich vom Pass aus der Bach als Leitlinie an, der man (selbst in dichtem Nebel) ohne Kompass bis zur Einmündung in den See (Auffanglinie) folgen kann. Dort angelangt kann man bei Bedarf seinen exakten Standpunkt wieder der Karte entnehmen (selbst ohne Kompass und im dichtesten Nebel), z. B. um per Kompasskurs die Hütte H2 anzusteuern.

Um weiter das Tagesziel (Z1) anzustreben, folgen Sie dem Seeufer als Leitlinie bis zum Beginn des Sumpfes. Bei freiem Blick auf Gipfel B können Sie den Sumpf ganz ohne Kompass einfach nach Sicht umgehen. Ist der Gipfel nicht zu erkennen und am gegenüberliegenden Waldrand auch kein markanter Punkt auszumachen, an dem man sich nach Sicht orientieren kann, so muss man den Sumpf umgehen

Von oben genießt man nicht nur den Ausblick, sondern hat auch eine bessere Übersicht über das Gelände.

Vereinfacht

wie im entsprechenden Kapitel beschrieben. Seinen Standpunkt (2) am Seeufer (Standlinie) kann man mit Hilfe des Gipfels A oder bei schlechterer Sicht mit Hilfe der kleinen Insel bestimmen und von dort aus auf der Karte den Kurs zum Gipfel B messen. Von diesem Kurs weicht man nach Westen ab, geht dann nach Kurswinkel in nördlicher Richtung und schließlich nach Osten zurück bis man sich wieder auf dem Kurs von (2) zum Gipfel B befindet.

Am Rand des Waldes angelangt muss man sich auch bei klarer Sicht nach Kompass orientieren, da Bäume und dichtes Unterholz den Blick auf alle Berggipfel versperren. Ist der Gipfel B frei, so wird man ihn vor dem Wald noch einmal anpeilen, um eventuelle Kursabweichungen ggf. zu korrigieren. Sonst marschiert man nach dem Kurs weiter, den man bereits am Seeufer bei Punkt (2) eingestellt hat. Erreicht man auf diesem Kurs den Berghang (Auffanglinie) unterhalb von Gipfel B, so weiß man (sofern man einigermaßen exakt gearbeitet hat) selbst bei schlechtester Sicht, dass man ihm nach Osten folgen muss, um den Einschnitt zu erreichen, durch den der Bach herunterkommt. Selbst in dichtem Nebel kann man nun dem Hang folgen, um die nächste Auffanglinie (den Bach) zu erreichen, und auch den Sumpf im Bereich zwischen Hang und Wald kann man ohne Schritte zu zählen nach Norden umgehen. Den Bach (Auffanglinie) wird man selbst ohne genauen Kurs finden.

Folgt man nun dem Einschnitt bachaufwärts (Leitlinie), so kann man sogar ohne Sicht jederzeit seinen Standpunkt mit Hilfe der Höhe bestimmen, wenn man einen richtig eingestellten Höhenmesser bei sich trägt. (Und richtig eingestellt sollte er sein, denn auf dem Pass und am See hatte man ja Gelegenheit, ihn nach Angaben aus der Karte einzustellen!) Bei klarer Sicht kann man nahe der Quelle – ohne den Standort zu bestimmen – nach Osten schwenken und wird die Hütte auf der Hochebene bald vor sich sehen. Befindet man sich auf dieser Höhe bereits in dichten Wolken oder sollte die Hochebene mit hohem Strauchwerk bewachsen sein, so muss man zuerst seinen Standort bestimmen (mit Hilfe von Gipfel B oder C, bzw. mit Hilfe des Höhenmessers) und dann auf der Karte den Kurs zur Hütte Z1 ermitteln.

Wieder etwas anders sieht die Sache aus, wenn – wie fast überall in Lappland, Kanada und Alaska – Bachläufe und Seen von fast undurchdringlichem Weidendickicht gesäumt sind. In diesem Fall würde man den Berg A entweder in gerader Linie überqueren oder (was mir vernünftiger erscheint) seinem östlichen Hang oberhalb der Buschgrenze folgen und das Tal zwischen A und B an seiner schmalsten Stelle durchqueren. Bei klarer Sicht kann man dann den Gipfel anpeilen (ohne seine Position und den Kurswinkel vorher auf der Karte bestimmen zu müssen). Sind die Berggipfel nicht zu erkennen, wird die Situation etwas schwieriger. Man kann dann, sobald der Hang von A in Ost-West-Richtung verläuft einfach nach Norden biegen und grob Kurs Nord halten, bis man die Auffanglinie des Hanges von Berg B erreicht.

Will man die Hütte H1 erreichen, so kann man entweder den Teich 1 anpeilen und diesen Kurs ansteuern. Dabei muss man nach Kompass marschieren, da der See im Tal wegen des dichten Buschwerks nicht sichtbar ist. Wieder hält man auf die Mitte des Teiches zu, um ihn bei leichter Abweichung vom Kurs nicht zu verfehlen. Dort angelangt folgt man dem Ufer nach Westen und bestimmt von der Einmündung des Baches aus (bekannter Standort auch ohne Sicht) aus der Karte den Kurswinkel zur Hütte H1. Ist der Teich vom Hang aus ebenfalls nicht zu erkennen, und der Standort wegen fehlender Sicht nicht bestimmbar, so bleibt nur eine – recht unangenehme und etwas unsichere – Möglichkeit: dem Hang von A so weit nach Westen folgen bis man sich mit Sicherheit westlich des Teiches befindet, dann nach Norden schwenken bis man den Bach (Auffanglinie) erreicht und diesem dann (durch dichtes Strauchwerk und mit langen Umwegen durch die vielen Schleifen) nach Osten folgen, bis man den Teich erreicht.

Achtung: Sollte man dabei zu früh nach Norden schwenken und den Bach östlich des Teiches erreichen, wird man zum Teich 2 gelangen und ihn (falls eine Positionsbestimmung mangels Sicht nicht möglich ist) für Teich 1 halten. Das wiederum würde bedeuten, dass man aus der Karte einen falschen Kurswinkel für den Marsch zu Hütte H1 ermittelt und diese mit Sicherheit nicht findet!

Als zusätzliches Hilfsmittel für den Marsch von Teich 1 zu Hütte H1 kann man einen Schrittzähler benutzen (nachdem man die Entfernung aus der Karte ermittelt hat), um ungefähr zu wissen, wann die Hütte erreicht sein müsste.

Letztes Beispiel: Sie haben in Hütte H1 übernachtet und wollen zu Hütte H2 gelangen. Dazu gibt es zwei Möglichkeiten. Überlegen Sie anhand der Karte welche dies sind, ehe Sie weiterlesen.

Alles klar? Okay: Entweder Kurs Osten durch den Wald, so dass Sie den Bach mit Sicherheit nördlich der Hütte 2 erreichen und dann dem Bach nach Süden folgen. Oder zunächst nach Süden gehen bis zum Waldrand, dann am Waldrand entlang nach Osten bis zum Bach und schließlich am Bach entlang nach Norden bis zur Hütte. Die Entscheidung ist vom Gelände abhängig: Wird das Gehen am Waldrand nicht durch Gebüsch und Sumpf erschwert, ist diese Alternative vorzuziehen, da man dort unabhängig von den Sichtverhältnissen und ohne Kompasspeilung marschieren kann, während man im Wald ständig nach Kompass marschieren müsste, um sicher zu sein, dass man den Bach oberhalb der Hütte erreicht.

Erschwerte Orientierung

Obige Beispiele haben gezeigt, dass man sich in deutlich gegliedertem Gelände bei freier Sicht weitgehend ohne Kompasshilfe orientieren kann. Lediglich wenn die Sicht vorübergehend durch Wald oder Gebüsch versperrt ist, wird man zum Kompass greifen. Unverzichtbar wird er, wenn man ohne klare Sicht einen Punkt ansteuert, der nicht an einer Leitlinie liegt. Noch schwieriger wird es, wenn dieser Punkt in einem ungegliederten Gelände (z. B. in einer weiten Ebene) liegt, in dem es keine hilfreichen Leit- oder Auffanglinien gibt. Hier stößt auch die Kompassorientierung an ihre Grenzen – zumindest über größere Distanzen. Auf einer Gras- oder Wüstenebene kann man eine Hütte evtl. noch finden, da man weit sieht. In dichtem Wald hingegen wird es fast unmöglich sein. Aber solche Situationen sind in der Praxis höchst selten. Und immerhin wird man mit Hilfe des Kompasses jederzeit wieder zum Ausgangspunkt zurückfinden, der ja aller Wahrscheinlichkeit nach an einer Auffanglinie (Straße) liegt. Dazu muss man aber ständig möglichst exakt nach Kompasskurs marschieren, die zurückgelegten Entfernungen abschätzen (z. B. per Schrittzähler) und die Route mit allen Entfernungen und Kursänderungen auf der Karte notieren – oder auf ein Blatt Papier (s. „Kursskizze").

Wer eine Tour in Regionen mit erschwerter Orientierung plant, muss im Umgang mit Karte und Kompass geübt sein und sollte als zusätzliche Sicherheit ein GPS-Gerät mitnehmen.

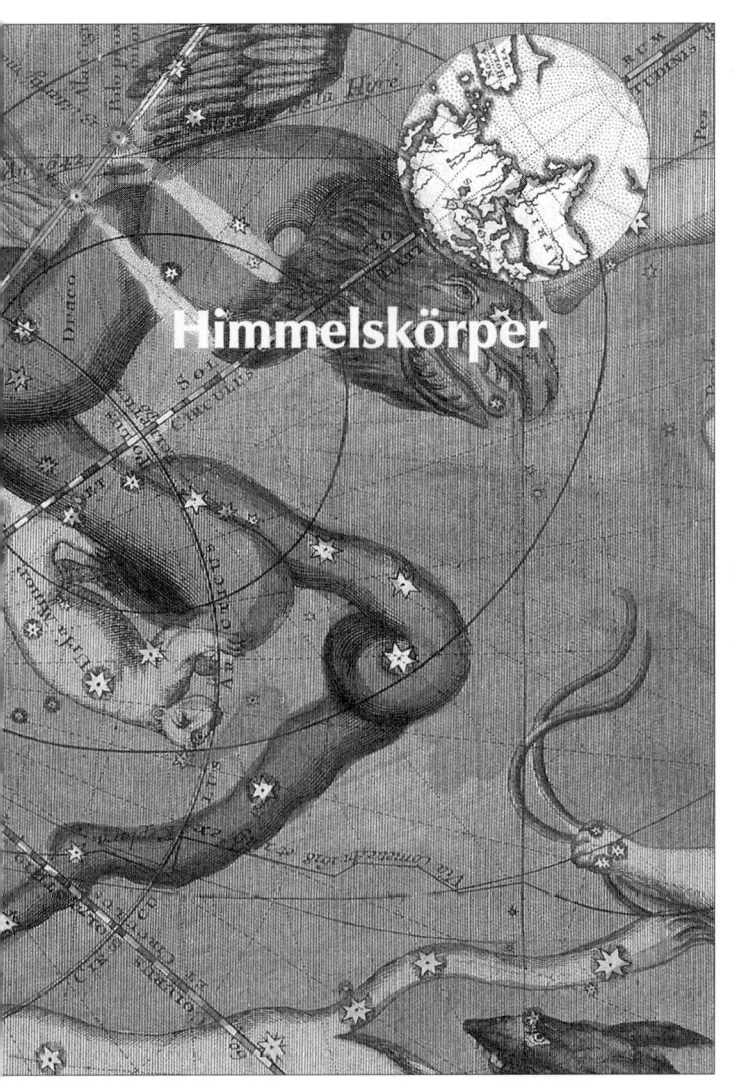

Himmelskörper

Bestimmung der Himmelsrichtungen mit Hilfe von Sonne und Sternen

Die Bestimmung der Himmelsrichtungen mit natürlichen Hilfsmitteln ist zwar möglich, aber in den allermeisten Fällen immer noch ungenauer als die schlampigste Kompassmessung. Selbst mit dem billigsten Taschenkompass sind die Himmelsrichtungen viel schneller, bequemer und exakter zu bestimmen. Dennoch: manche Ziele sind so groß (Auffanglinien), dass man sie auch mit dieser groben Orientierung finden kann, und im obigen Beispiel "Völlig verirrt?" hat man nur dann eine Chance lebend aus der Wildnis zurückzukehren, wenn man diese Mittel zu nutzen versteht.

Tatsächlich nutzen wir die Sonne unterwegs immer wieder als festen Bezugspunkt, um zumindest über kürzere Entfernungen die grobe Richtung zu halten – ohne irgendwelche Messungen und vielleicht sogar, ohne uns dessen bewusst zu sein.

Andere Hilfsmittel wie das altbekannte Moos an Baumstämmen und die Richtung der Apsis von Kirchen kann man getrost vergessen. Sie sind für die Praxis wenig hilfreich, da sie längst nicht immer stimmen bzw. viel zu ungenau sind. Und wenn man vor einer Kirche steht, hat man sich nicht so hoffnungslos verirrt, dass man auf solche Mittel angewiesen wäre.

Leider ist auch die Sonne nicht so exakt und zuverlässig, wie mancher vielleicht denkt. Dass die Sonne im Osten auf- und im Westen untergeht, weiß wohl jeder. Aber exakt stimmt das höchstens an zwei Tagen im Jahr und auch dann nur im ebenen Gelände. Trotzdem gibt es Methoden, mit Hilfe des Sonnenstandes die Himmelsrichtungen halbwegs genau zu bestimmen, selbst bei leichter Bewölkung. Ihr Licht muss nur stark genug durch die Wolken dringen, um einen erkennbaren Schatten zu werfen.

Uhr als Kompass

Hat man eine gute alte Zeigeruhr, so legt man sie flach auf die Hand und zwar so, dass der Stundenzeiger genau zu dem Punkt am Horizont weist, über dem die Sonne senkrecht steht. Das funktioniert um so einfacher und genauer, je flacher die Sonne steht. Und die Uhr lässt sich am exaktesten ausrichten, wenn man ein Streichholz o. ä. senkrecht vor die Spitze des kleinen Zeigers hält und die Uhr dreht, bis dessen Schatten sich mit dem Zeiger deckt. Dann halbiert man den kleineren Winkel zwischen dem Stundenzeiger und der Zwölf (d. h. vormittags vom Zeiger im Uhrzeigersinn zur Zwölf, nachmittags entgegen dem Uhrzeigersinn). Die so erhaltene Winkelhalbierende weist nach Süden, die Halbierende des größeren Winkels entsprechend nach Norden – sofern man zwischen 6 und 18 Uhr misst. Zwischen 18 und 6 Uhr ist es umgekehrt: Die Halbierende des kleineren Winkels weist dann nach Norden. Um punkt 6 Uhr und 18 Uhr sind beide Winkel gleich groß: dann steht die Sonne ziemlich genau im Osten bzw. Westen.

Taschenkompass

So beliebt die vorgenannten Beispiele – vor allem bei Pfadfindernaturen – sind, sie sind nicht sehr genau und zudem meist sehr zeitaufwendig und mühsam, so dass sie in der Praxis kaum ernsthaft angewandt werden. Der billigste Taschenkompass in Größe eines Daumennagels ist ihnen weit überlegen: genauer, bequemer und zeitsparend. Deshalb kann es sinnvoll sein, für solche Notfälle (falls der Linealkompass verlorengeht oder unbrauchbar wird) einen Taschenkompass mitzunehmen.

Achtung

- Während der Sommerzeit muss die Uhr zunächst um eine Stunde zurückgestellt werden, um das richtige Ergebnis zu erhalten.
- Wenn man sich in größerer Entfernung vom Zeitmeridian der geltenden Zeitzone (z. B. 15° östl. Länge für MEZ) befindet, muss man die Uhr je Längengrad um vier Zeitminuten verstellen, um die tatsächliche Ortszeit zu erhalten. Befindet man sich z. B. 10° west-

Himmelskörper

lich des Meridians, muss man die Uhr um 40 Min. zurückstellen, also etwa von 11.00 Uhr auf 10.20 Uhr, befindet man sich östlich des Meridians, muss man die Uhr entsprechend vorstellen. Auch damit ist der Sonnenstand noch nicht exakt beschrieben, aber die weiteren Ungenauigkeiten (bis max. 15 Min.) halten sich im Rahmen der Messgenauigkeit.

• Auf der Südhalbkugel müssen Nord und Süd vertauscht werden, da dort die Sonne mittags im Norden steht.

• Zwischen den Wendekreisen ist die Methode nur bedingt brauchbar, da die Sonne dort zu bestimmten Jahreszeiten genau von Osten nach Westen „wandert", ohne einen Bogen nach Süden oder Norden zu machen, also zu dieser Zeit stets die Ost- und Westrichtung weist. Während der übrigen Zeit des Jahres kann sie einen leichten Bogen entweder nach Norden oder nach Süden machen (d. h. man muss stets genau die Jahreszeit berücksichtigen).

• Mit einer Digitaluhr verfährt man genauso, nur dass man nicht die Uhr selbst verwenden kann (da sie ja keine Zeiger hat), sondern die angezeigte Uhrzeit zunächst auf ein aufgezeichnetes Zifferblatt übertragen muss.

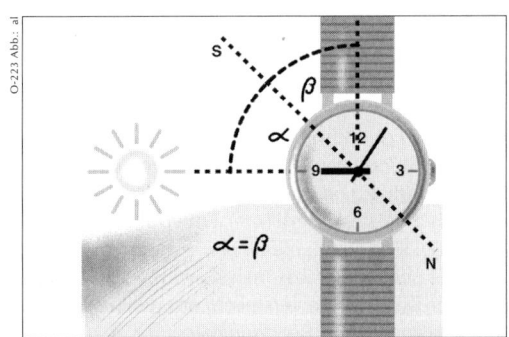

▶ Uhr als Kompass

Uhr stellen nach Kompass und Sonnenstand

Falls die Uhr einmal stehengeblieben ist, kann man sie mit Hilfe von Kompass und Sonnenstand stellen, indem man obige Prozedur umkehrt. Man misst mit dem Kompass den Winkel zwischen Sonnenstand und Südrichtung: Nordmarke auf Kurspfeil, den Punkt am Horizont anpeilen, über dem die Sonne senkrecht steht und den Winkel zwischen Nordmarke und dem Südende der Nadel ablesen. (Falls das Südende der Nadel zu stumpf ist, um eine genaue Ablesung zu ermöglichen, kann man natürlich auch den Winkel am Nordende der Nadel ablesen und 180° abziehen bzw. hinzurechnen, ggf. Missweisung beachten.) Dieser Winkel wird verdoppelt und auf das Zifferblatt übertragen, um die Position des Stundenzeigers festzulegen; d .h. der Abstand zwischen der Zwölf und dem Stundenzeiger muss doppelt so groß sein wie der gemessene Winkel. Nachmittags (12–18 Uhr) wird er von der Zwölf aus im Uhrzeigersinn gemessen, vormittags (6–12 Uhr) entgegen dem Uhrzeigersinn.

Himmelsrichtungen nach der Sonne

Auch ohne Uhr lassen sich allein mit Hilfe des Sonnenstandes die Himmelsrichtungen ermitteln. Dazu gibt es drei verschiedene Methoden unterschiedlicher Genauigkeit.

Gleichschatten-Methode

Am exaktesten, aber auch zeitaufwendigsten ist die Gleichschatten-Methode. Dazu steckt man vormittags einen Stab an einer waagerechten, ebenen Stelle senkrecht in den Boden, markiert die Spitze seines Schattens und zieht um den Fuß des Stabes einen Kreis, der durch diese Markierung verläuft. Dann wartet man, bis die Spitze des

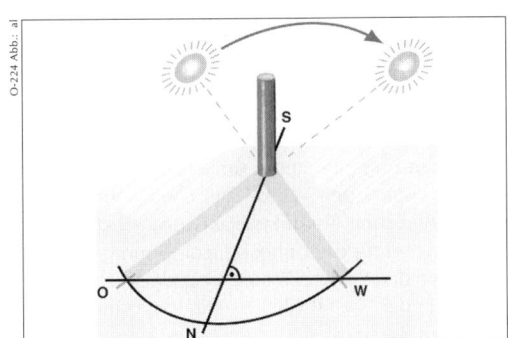

▶ *Gleichschatten-Methode*

Schattens am Nachmittag erneut genau auf den Kreis fällt. Nun verbindet man die beiden Punkte und erhält die Ost-West Richtung. Eine Linie, die vom Fuß des Stabes zur Mitte dieser Linie verläuft, weist auf der Nordhalbkugel nach Norden (Geografisch-Nord), auf der Südhalbkugel nach Süden. Zwischen den Wendekreisen gilt das gleiche wie oben bei "Uhr als Kompass". Die Missweisung spielt natürlich keine Rolle, da man sich nicht nach dem Magnetpol richtet.

Kurzschatten-Methode

Doppelt so schnell, aber weniger exakt erhält man die Himmelsrichtungen mit der Kurzschatten-Methode. Dabei verfährt man wie oben beschrieben, markiert aber die Schattenspitze immer wieder, bis der Schatten des Stabes wieder länger zu werden beginnt. Vom Fuß des Stabes zieht man nun eine gerade Linie zur Spitze des kürzesten Schattens und erhält wieder die Süd-Nord Richtung.

Schattenspitzen-Methode

Am schnellsten, aber u. U. erheblich ungenauer ist die Schattenspitzen-Methode. Dafür sollte der Stab nicht zu kurz sein.

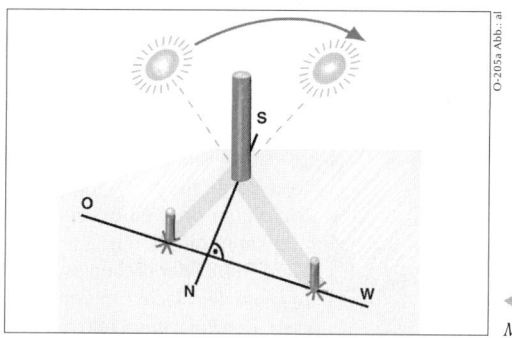

◀ *Schattenspitzen-*
Methode

Man verfährt ebenfalls wie oben beschrieben, markiert aber bereits einige Zeit später die Spitze des weitergewanderten Schattens (der genaue Zeitabstand spielt keine Rolle, mindestens eine Stunde, je länger desto exakter ist das Ergebnis). Die Linie, die beide Punkte verbindet, weist wieder die ungefähre Ost-West Richtung, wobei die erste Markierung stets westlich der zweiten liegt. Die ungefähre Nord-Süd Richtung verläuft folglich im rechten Winkel dazu. Da die Linie, auf der die Schattenspitze wandert allerdings keine Gerade ist, sondern sich (symmetrisch zur 12-Uhr-Marke) krümmt, sind die Ergebnisse bei dieser Methode entsprechend ungenau (besonders früh morgens und spät abends, besser nahe der Mittagszeit, am besten über die Mittagszeit). Dieser Fehler wird bei der Gleichschatten-Methode ausgeglichen. Für die Südhalbkugel und den Bereich zwischen den Wendekreisen gilt auch hier, was oben bereits gesagt wurde.

Polarstern

In einer sternklaren Nacht lässt sich die Nordrichtung mit Hilfe des Polarsterns ermitteln, der stets recht exakt im Norden steht. Er ist am einfachsten

Himmelskörper

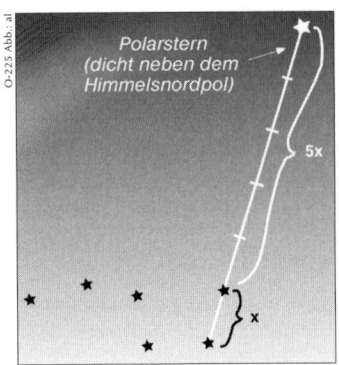

zu finden, indem man die „Hinterachse" des Großen Wagens fünfmal verlängert, wie in der Skizze gezeigt. Der Polarstern ist zugleich der vorderste Deichselstern des Kleinen Wagens und der einzige helle Stern in dieser Region, so dass eine Verwechslung kaum möglich ist.

Beide Sternbilder drehen sich zwar im Laufe der Nacht um den Polarstern, der Polarstern selbst behält seine Position jedoch bei. In Äquatornähe steht er allerdings so flach über (oder sogar unter) dem Horizont, dass er nicht zu sehen ist und man seine Position allenfalls mit Hilfe der beiden Sternbilder abschätzen kann. In Polnähe steht er so hoch, dass man kaum mehr sagen kann, über welchem Punkt am Horizont er steht (in Alaska und Lappland ist das aber durchaus noch möglich, und viel weiter nach Norden wird man nur selten gelangen).

Kreuz des Südens

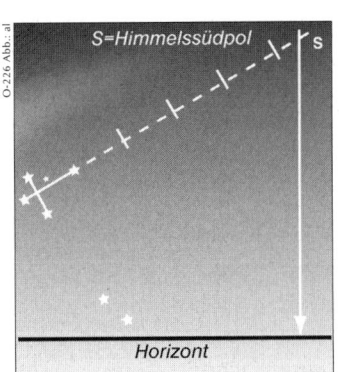

Auf der Südhalbkugel tritt an die Stelle des Großen Wagens das Kreuz des Südens. Es dreht sich um den südlichen Himmelspol, und seine längere Achse würde ziemlich genau zum "Südstern" zeigen, nur dass es leider keinen Südstern gibt.

Die Position, an der er sich befinden müsste, erhält man, indem man die Hauptachse des Sternbilds etwa 4½ mal in Richtung des Fußendes verlängert; s. Skizze.

Bestimmung der geografischen Breite

Mit Hilfe des Polarsterns lässt sich auch die geografische Breite bestimmen, da die Gradzahl des Winkels zwischen Polarstern und der Horizontalen genau dem Breitengrad entspricht. Diesen Winkel kann man mit einfachen Mitteln fixieren (z. B. mit einer Schnur) und mit einem Winkelmesser, an dem ein Lot befestigt ist, abmessen. Hat man keinen Winkelmesser, kann man ihn auf ein Blatt Papier übertragen und dann mit der Kompassrose messen. Allerdings ist diese Messung zu ungenau, um für eine normale Tour nutzbringend zu sein. Aber falls man überhaupt keine Ahnung hat, wo man sich befindet (z. B. nach einem Flugzeugabsturz) kann diese Bestimmung des Breitengrades hilfreich sein. Falls man einen Taschenrechner haben sollte (oder mit Hilfe der Sinus-Tabelle im Anhang), kann man den Winkel auch genauer berechnen. Der Höhenwinkel ergibt sich aus der Höhe der Schnurbefestigung (y) geteilt durch die Länge der Grundseite des Dreiecks (x) nach der Formel sin = y : x.

Winkelmesser

In einigen Kompassen sind Winkelmesser und Lot bereits eingebaut, so dass man die geografische Breite nur noch abzulesen braucht.

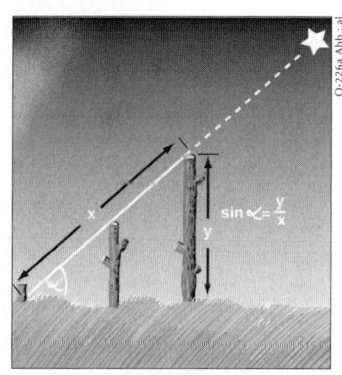

$$\sin \varphi = \frac{y}{x}$$

O-226a Abb.: al

Himmelskörper

Verirrt –
aber nicht verloren

Wo bin ich eigentlich?

„Ich habe schon lange Strecken im Wald zurückgelegt und dabei selten genau gewusst, wo ich mich befinde," hat mir einmal ein Trapper gesagt, *"aber verirrt habe ich mich noch nie!"* Verirrt – was heißt das überhaupt? Wer nicht exakt weiß, an welchem Punkt des Weges er sich befindet, hat sich deshalb noch lange nicht verirrt. Solange man sich auf seine Fähigkeiten verlassen kann, hat man selbst in einer schwierigen Lage allenfalls vorübergehend die Orientierung verloren. "Verirrt" ist man erst, wenn die Orientierungslosigkeit Angst oder gar Panikgefühle verursacht.

Grundsätzlich sollte man folgende Punkte beachten:

- Ruhig bleiben und zunächst klar überlegen, ehe man den nächsten Schritt macht.
- Bei schlechter Sicht an Ort und Stelle bleiben bis sich die Sicht gebessert hat.
- Nicht unüberlegt weitergehen, sonst macht man alles nur noch schlimmer und weiß bald gar nicht mehr, wo man ist.
- Versuchen, sich an bisherige Geländemerkmale und ihre Reihenfolge bzw. an bisherige Kurswinkel zu erinnern (ggf. notieren).
- Anhand der Karte das Gebiet eingrenzen, in dem man sich vermutlich befindet.
- Weiter vorgehen wie unten beschrieben.
- Gelingt es nicht, den Standort zu bestimmen ist es meist am besten, Pfaden oder Wasserläufen talwärts zu folgen, da man in dieser Richtung am ehesten auf Siedlungen trifft.

Stufen der Orientierungslosigkeit

Man kann drei Stufen der Orientierungslosigkeit unterscheiden und das weitere Vorgehen entsprechend planen.

Man befindet sich auf einem Weg oder Fluss, weiß aber nicht genau an welcher Stelle

Das ist kein Grund zur Sorge, da es fast immer problemlos möglich ist, den Standort herauszufinden – meist sogar ohne Karte und Kompass.

Ohne Karte und Kompass kann man einfach weiter dem Weg/Fluss folgen, bis man eine Auffanglinie oder einen klar erkennbaren Geländepunkt erreicht.

Nur mit der Karte kann man versuchen, sich an zurückliegende Geländemerkmale zu erinnern und diese auf der Karte zu lokalisieren. Bei guter Sicht kann man oft sogar durch den Vergleich umliegender Geländemerkmale mit der Karte den Standort einigermaßen genau bestimmen.

Mit Karte und Kompass kann man den genauen Standort mit Hilfe eines seitlich des Weges liegenden Orientierungspunktes bestimmen (s. „Orientierung, Positionsbestimmung")

Mit Karte und Höhenmesser kann man den genauen Standort mit Hilfe der Höhe bestimmen, wenn der Weg ein klares Gefälle in einer Richtung hat (s. „Orientierung, Positionsbestimmung"). Führt er ständig auf und ab, ergeben sich u. U. mehrere mögliche Standorte.

Man hat inmitten pfadloser Wildnis den Weg verloren, weiß aber in welcher Gegend man sich befindet

Wenn man ohne Pfad marschiert und bemerkt, dass man von der geplanten Route abgekommen ist und nicht mehr genau weiß, wo man sich befindet, sollte man sofort anhalten und versuchen, sich zu orientieren. Nicht irgendwie weitergehen, in der Hoffnung, man werde schon wieder auf die Route oder hilfreiche Orientierungspunkte stoßen. Unbedingt zunächst alle Möglichkeiten in Ruhe durchdenken, ehe man den ersten Schritt unternimmt.

Verirrt

Ohne Karte und Kompass hat man nur die Möglichkeit, auf der gleichen Route zurückzugehen bis zu einem bekannten Geländepunkt und sich dort nach Sicht neu zu orientieren. Das ist in dichtem Wald u. U. sehr schwierig oder gar unmöglich, aber in dichtem, unbekanntem Wald sollte man auch nicht ohne Karte und Kompass unterwegs sein. Ist man im Notfall darauf angewiesen, muss man langsam gehen und bei jedem Schritt versuchen, sich an Geländemerkmale zu erinnern. Vorsichtshalber sollte man die Route markieren, um notfalls wenigstens zu dem Punkt zurückzufinden, an dem man umgekehrt ist, und dort eine neue Suche starten zu können. Anstatt zur bekannten Route zurück kann man auf gleiche Weise auch versuchen, zu einem hoch gelegenen Aussichtspunkt zu gelangen, um sich von dort nach Sicht zu orientieren. Oder man versucht, eine Auffanglinie (Fluss, Weg, Seeufer) zu erreichen,deren ungefähre Richtung bekannt ist.

Nur mit der Karte kann man versuchen, sich wie bei Punkt 1 zu orientieren oder nach Geländeneigung, grober Himmelsrichtung oder ähnlichen Hilfsmitteln eine Auffanglinie anzusteuern. Unterwegs ständig Karte und Gelände vergleichen, um Orientierungspunkte zu identifizieren.

Mit Karte und Kompass kann man bei freier Sicht evtl. seinen genauen Standort durch Kreuzpeilung ermitteln – dazu muss man aber zumindest ungefähr wissen, wo man sich befindet, um Orientierungspunkte auf der Karte identifizieren zu können.

Mit Karte und Höhenmesser kann man den genauen Standort mit Hilfe einer geneigten Standlinie und der Höhe bestimmen, wenn man die Standlinie klar auf der Karte identifizieren kann (s. "Orientierung, Positionsbestimmung"); sonst ergeben sich mehrere mögliche Standorte.

Man hat überhaupt keine Ahnung mehr, wo man sich befindet

Das kann eigentlich nur passieren, wenn man – nachdem man die Orientierung bereits verloren hatte – längere Zeit planlos weiterläuft. Je früher man anhält, nachdenkt, sich umschaut und versucht Karte und Gelände in Übereinstimmung zu bringen, um so besser!

Ohne Karte und Kompass ist nun das Zurückgehen ebenfalls unmöglich. Es bleibt nur noch die Möglichkeit, einen hochgelegenen Punkt zu erreichen, um sich vielleicht nach Sicht orientieren zu können, oder eine Auffanglinie zu finden, deren ungefähre Lage man kennt. In beiden Fällen unbedingt die Route vom augenblicklichen Punkt aus markieren, damit man darauf zurückgehen und systematisch in einer anderen Richtung suchen kann, so lange bis man wieder einen vertrauten Geländepunkt entdeckt.

Nur mit der Karte kann man ähnlich vorgehen, dabei jedoch stets versuchen, alle möglichen Geländemerkmale auf der Karte zu identifizieren. Mit der Karte ist es natürlich einfacher die grobe Richtung zu einer Auffanglinie zu ermitteln.

Mit Karte und Kompass ist eine Standortbestimmung dann nicht mehr möglich, wenn es nicht

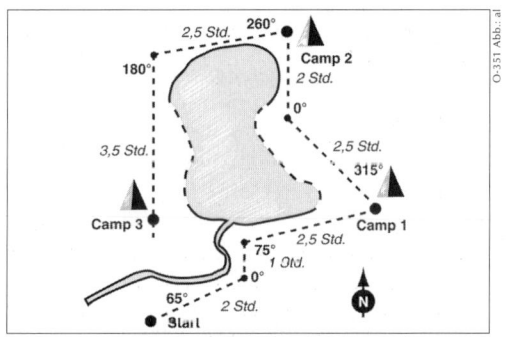

O-351 Abb.: al

mehr gelingt, Orientierungspunkte im Gelände auf der Karte zu identifizieren – und vielleicht nicht einmal mehr sicher ist, ob man sich überhaupt noch „auf der Karte befindet". Man kann nun aber versuchen, nach einem festen Kurswinkel einen Aussichtspunkt oder eine Auffanglinie anzusteuern und im Falle des Scheiterns wieder zum ursprünglichen Ort zurückgelangen (Schritte zählen und falls Hindernisse zu Änderungen des Kurswinkels zwingen, alles notieren). Kann man eine entfernte Auffanglinie sicher erkennen (aber nicht auf der Karte identifizieren), bestimmt man den Kurswinkel und hält darauf zu. In jedem Fall ständig versuchen Geländemerkmale auf der Karte zu identifizieren. Sobald man auch nur einen Punkt sicher identifizieren kann, überträgt man den Richtungswinkel auf die Karte und erhält so eine künstliche Standlinie, aus der sich der ungefähre – und sobald man einen zweiten Orientierungspunkt, eine Geländelinie oder die Höhe ermitteln kann, der genaue – Standort ergibt.

Mit Höhenmesser und Karte kann man den Standort ebenfalls nur bestimmen, wenn man ungefähr weiß, wo man sich befindet – andernfalls kann man höchstens die Möglichkeiten eingrenzen, indem man ausschließt, wo man sich nicht befinden kann (das werden aber immerhin mehr als 90% der Kartenfläche sein).

Der *schlimmste anzunehmende Fall* ist, dass man in einem nahezu ebenen, dichten Waldgebiet unterwegs ist und keine Ahnung mehr hat, wo man sich befindet. Der Standort lässt sich selbst mit Karte, Kompass und Höhenmesser nicht mehr bestimmen und nicht einmal mehr eingrenzen. Zur Positionsbestimmung hilft hier nur noch GPS. Trotzdem ist der Kompass in dieser Situation noch nützlich, da man mit seiner Hilfe zumindest die Richtung halten und ggf. auf gleichem Kurs zurückkehren kann. Ohne seine Hilfe würde man zumindest bei bedecktem Himmel hoffnungslos im Kreis herumirren und wüsste bald nicht einmal mehr, wo man sich in Relation zu seinem letzten Standort befindet. Mit dem Kompass kann man jedoch zunächst in einer Richtung suchen, in der man die Hoffnung hat, eine Straße oder sonstige Auffanglinie zu erreichen, und diese Richtung auch sicher einhalten. Dabei Kurswinkel und Entfernungen (Schritte oder Zeit) notieren und eine Kursskizze anfertigen. Auf diese Weise kann man selbst bei vollkommener Orientierungslosigkeit und notfalls sogar im Nebel eine große Fläche systematisch absuchen.

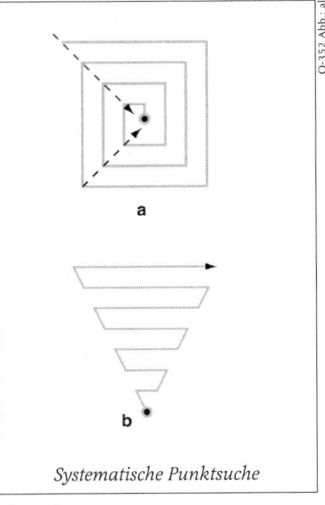

Systematische Punktsuche

Punktsuche

Weiß man, dass man sich in der Nähe eines bestimmten Punktes (z. B. eine Hütte) befindet, die man aber im dichten Wald nicht sehen kann, und zu der auch der Kurswinkel nicht bestimmbar ist, weil man seinen genauen Standort nicht kennt, dann geht man nach Kompass (!) entweder in einer eckigen Spirale oder – falls man die Richtung kennt, in der der Punkt liegt – in Schlangenlinien wie auf obiger Skizze gezeigt. Dabei wird bei jedem Richtungswechsel die nächste Strecke um etwa doppelt so viele Schritte länger wie die Sichtweite nach links und rechts beträgt.

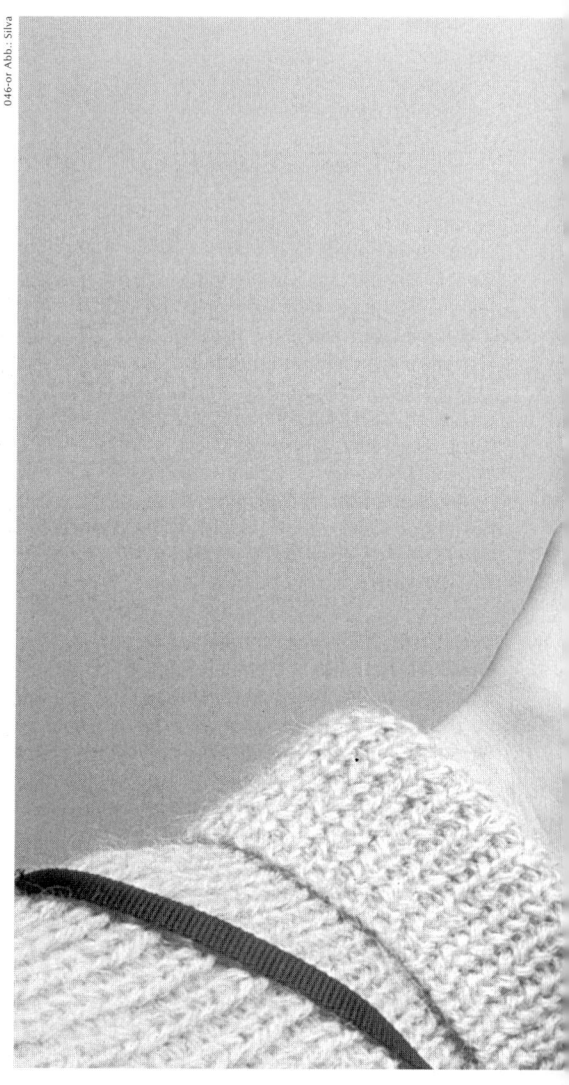

046-ar Abb.: Silva

GPS-Orientierung

Jeder hat schon von GPS gehört, jeder weiß, dass es etwas mit Satelliten und Orientierung zu tun hat. Doch über die Möglichkeiten, Grenzen und Risiken der GPS-Orientierung herrscht meist Unklarheit. Wie genau und zuverlässig ist das System? Wie funktioniert es und wie kann man es nutzen? Viele meinen, GPS-Orientierung erfordere besondere Fachkenntnisse und sei nur etwas für Polwanderer und Wüstendurchquerer. Mitnichten! Handliche und inzwischen sogar erschwingliche GPS-Geräte sind heute einfach zu bedienen und können auch auf normalen Wanderungen und selbst auf kurzen Spaziergängen durchaus sehr hilfreich sein.

Grundlagen, Funktionsweise und Vorteile

Das GPS (Abkürzung für Global Positioning System, zu Deutsch: System zur weltweiten Standortbestimmung) wurde vom US Verteidigungsministerium entwickelt, das es auch kontrolliert und seine Genauigkeit für zivile Anwendung beeinflussen kann. Derzeit werden 24 Satelliten verwendet, die den Erdball in

GPS-Handgeräte (v.l.n.r.): Garmin GPS 12, Eagle Explorer, Magellan 3000XL, Silva GPS Compass 1000. Ausgeschaltet ...

015-or Abb.: rh

20.000 m Höhe innerhalb von 24 Stunden zweimal umrunden. Das GPS-Gerät empfängt die Signale von mehreren dieser Navigationssatelliten (Bahndaten und Uhrzeit) und errechnet daraus rund um die Uhr jede Sekunde und an jedem beliebigen Punkt der Erdoberfläche seine momentane Position und die Höhe über dem Meer. (Wie diese Berechnung funktioniert, ist eine überaus komplizierte Angelegenheit, die für die praktische Anwendung aber zum Glück keine Rolle spielt und daher ignoriert werden kann.)

Für die Positionsbestimmung in der Ebene (2D) reichen die Signale von drei Satelliten, für die zusätzliche Ermittlung der Höhe über dem Meer (3D) benötigt man mindestens vier Satelliten. Trotzdem können moderne 12-Kanal-Empfänger bis zu 12 Satelliten gleichzeitig (parallel) verfolgen, was vor allem unter schwierigen Empfangsbedingungen ein wesentlicher Vorteil ist, wenn das Gerät häufig zwischen mehreren Satelliten wechseln muss. Geht der Kontakt zu einem Satelliten verloren, kann der 12-Kanal Parallel-Empfänger jederzeit sofort auf einen anderen Satelliten umschalten, während ältere Geräte zuerst einen neuen Satelliten ermitteln, seine Daten registrieren und berechnen musste.

Die **Leistungsfähigkeit** des GPS-Gerätes ist natür-

000g Abb.: xx

GPS

◄ *... und ungeschaltet. Beachtenswert bei den beiden rechten Geräten: die Position wird nicht exakt gleich wiedergegeben.*

lich wesentlich von der Empfindlichkeit seines Empfängers abhängig. Bei manchen Geräten können Berge, Bäume oder sonstige Hindernisse den Empfang so stark beeinträchtigen, dass die Positionsbestimmung nicht mehr möglich ist. Leistungsfähige Geräte funktionieren hingegen auch im Wald problemlos.

Vorteile des GPS

Der enorme Vorteil des GPS-Systems besteht darin, dass es Positions- und Kursbestimmungen jederzeit und völlig unabhängig von wahrnehmbaren Orientierungspunkten, Sicht, Lichtverhältnissen und Kompassabweichungen ermöglicht. Selbst bei Nacht, in dichtem Nebel, im Schneesturm und in Gegenden mit starken Kompassstörungen können Sie per GPS auf Knopfdruck Ihre Position ermitteln und den Kurs zu jedem beliebigen im Empfänger abgespeicherten Ziel bestimmen.

Heutige GPS-Handgeräte sind etwa so groß wie ein Handy und wiegen 250–450 g inklusive Batterien. Die Preise beginnen bei etwa DM 400. Ihre Betriebsdauer mit einem Batteriesatz reicht meist für mehrere hundert Messungen (ohne Dauerbetrieb). Besonders stromsparende Instrumente erlauben mit einem Batteriesatz 12–20 Stunden Dauerbetrieb.

Wie genau ist die Positionsbestimmung mit GPS?

Die Genauigkeit der Positionsbestimmung (bzw. Höhenangabe) ist nicht so sehr von der Leistungsfähigkeit des Gerätes abhängig, sondern von der **Streuung der Satelliten**, die der Betreiber willkürlich verändern kann. Das System ist grundsätzlich dazu in der Lage, die Position ohne zusätzliche Hilfsmittel mit einer Genauigkeit von ca. 10–20 m zu ermitteln. Diese Genauigkeit steht dem zivilen Nutzer allerdings nicht jederzeit zur Verfügung, da das Verteidigungsministerium sie zu 95% der Zeit auf 20–100 m reduziert. Für die meisten Orientierungszwecke ist diese Genauigkeit jedoch ausreichend. Sie ist besser als die vieler Karten und kann per Durchschnittswertbildung (z. B. bei Pausen oder über Nacht) noch spürbar gesteigert werden. Wesentlich ungenauer ist die Höhenangabe (mögliche Abweichungen von über 100 m), bei der GPS einem richtig eingestellten Höhenmesser deutlich unterlegen ist.

DGPS

Eine noch wesentlich exaktere Positionsbestimmungen ermöglicht das DGPS (wobei D für „differentielle Korrekturen" steht). Hierzu ist ein zusätzlicher Empfänger erforderlich, der per Datenfernübertragung Informationen von einer ortsfesten Referenzstation erhält. Diese Station vergleicht ständig ihre per GPS gemessene Position mit den bekannten Koordinaten ihrer tatsächlichen Position und errechnet daraus laufend die momentane Abweichung. Die Differenz übermittelt sie per Funk an das GPS-Gerät, das dann den ständig schwankenden Fehler bei der Positionsbestimmung automatisch korrigiert, indem es diese Differenz berücksichtigt. So lässt sich mit DGPS eine Genauigkeit im Bereich zwischen einem und zehn Metern erreichen. In Schweden, Deutschland und England existieren solche Anlagen bereits; in anderen Ländern werden sie derzeit aufgebaut. Für normale Wanderzwecke ist DGPS jedoch nicht erforderlich.

024-or Abb. rh

GPS

◀ *Positionsbestimmung mit GPS: Gerät vom Körper weg halten, um keine Satelliten abzuschatten*

Glossar

Almanach-Daten	*Informationen über Satelliten-Konstellation und Orbit, die im Empfänger gespeichert und Grundlage für die GPS-Navigation sind*
Acquiring	*das Gerät erfasst die Satellitendaten*
Backtrack-Funktion	*zeichnet den zurückgelegten Weg auf, um den Rückweg anzeigen zu können (nicht nur die direkte Richtung zum Ausgangspunkt)*
DGPS	*Differential Global Positioning System (korrigiert Abweichungen)*
GOTO-Funktion	*zeigt Richtung und Entfernung zu eingegebenen Wegpunkten*
GPS	*Global Positioning System (weltweites System zur Standortbestimmung)*
GPS Compass	*GPS-Gerät der Firma Silva mit eingebautem elektronischem Kompass*
Initialisierung	*Einstellung des Geräts auf die Region, in der es arbeiten soll*
Navimap	*Kartenplotter der Firma Silva (unabhängig vom Koordinatensystem)*
Poor CVRG	*(schlechte Abdeckung), das Gerät erhält nicht genügend Daten, um eine Position zu errechnen*
Puck	*Bestandteil der Navimap zur Positionsbestimmung auf der Karte*
Searching	*das Gerät sucht nach verfügbaren Satelliten*
Selective Availability *(SA)*	*gewollte Ungenauigkeit der Satellitensignale für zivile GPS-Empfänger*
TracBack	*siehe Backtrack-Funktion*
Wegpunkt	*Punkt mit bekannten Koordinaten, der im GPS-Gerät gespeichert wird (siehe GOTO)*
Yeoman®	*Kartenlesegerät, das Karte und GPS-Gerät verbindet und unabhängig vom Gitter arbeitet*

GPS-Abkürzungen und -Terminologie

Abk.	Englisch	Deutsch
ALT	*Altitude*	*Höhe (über dem Meer)*
BAT	*Battery*	*Batterie (Ladezustand)*
BRG	*Bearing*	*Peilung (Richtungswinkel von der momentanen Position zum Zielpunkt)*

GPS-Abkürzungen und -Terminologie (Forts.)

Abk.	Englisch	Deutsch
CDI	Course Deviation Indicator	Kursabweichungsanzeiger (s. XTE)
CMG	Course Made Good	zurückgelegte Kursstrecke
CRS	Course	Kurs (Kurswinkel)
DIST	Distance	Entfernung
DTK	Desired Track	Sollkurs (errechneter Kurs zwischen den beiden aktiven Wegpunkten)
EPE	Estimated Position Error	Geschätzte Abweichung der Angabe von der tatsächlichen Position
ETA	Estimated Time of Arrival	geschätzte Ankunftszeit (aus Entfernung und bisheriger Durchschnittsgeschwindigkeit errechneter Zeitpunkt, zu dem das Ziel erreicht wird)
ETE	Estimated Time Enroute	noch verbleibende Reisezeit bis zum Ziel (aus Entfernung und momentaner Geschwindigkeit errechnet)
FOM		Gütezahl (gibt die geschätzte Genauigkeit der per Mittelwert errechneten Position an)
GRID	Grid	Gitternetz (Koordinatensystem zur Angabe der Position; z. B. UTM)
GS	Ground speed	Geschwindigkeit über Grund (aktuelle Geschwindig.)
LAT	Latidude	Geografische Breite (mit N oder S bezeichnete Position relativ zum Äquator)
LON	Longitude	Geografische Länge (mit O oder W bezeichnete Position relativ zum Null-Meridian)
MOB	Man Over Board	Funktion, um mit gleichzeitig einen momentanen Punkt zu speichern, und den Kurs dorthin anzuzeige
PAN		Kontrollfeld zum Verschieben der Kartenseite
POS	Position	Position (durch zwei Koordinaten exakt angegebener Punkt in geografischem Koordinatensystem)
SPD	Speed	Geschwindigkeit (siehe GS)
TRK	Track	Kurs über Grund (momentaner Kurswinkel bezogen auf die Startposition)
TT	True Track	Rechtweisender Kurs
VMG	Velocity Made Good	Gutgemachte Geschwindigkeit (Geschwindigkeit, mit der man sich dem nächsten Zielpunkt nähert)
WPT	Waypoint	Wegpunkt (im Empfänger gespeichertes Zwischenziel für die Navigation)
XTE	Cross Track Error	Kursabweichung (die Distanz, um die man seitlich vom Sollkurs abgewichen ist)

GPS

Initialisierung

Das GPS-Gerät kann nur mit Satelliten arbeiten, die über dem Horizont stehen und nicht durch irgendwelche Hindernisse (Mauern, Felswände u.ä.) abgeschirmt sind. Um diese Satelliten schnell zu finden, braucht das Gerät Informationen darüber, zu welchem Zeitpunkt es welche Satelliten wo suchen muss. Diese Informationen sind im sogenannten **Almanach** des Gerätes gespeichert, können aber einleuchtenderweise nur dann genutzt werden, wenn das Gerät ungefähr weiß, in welchem Gebiet der Erdoberfläche es sich befindet.

Moderne Geräte sind zwar dazu in der Lage, dies selbst herauszufinden, benötigen aber zu dieser **Initialisierung** etwa 5–25 Minuten. Die Initialisierung kann erheblich beschleunigt werden, indem man das Gebiet eingibt, in dem man sich befindet. Manche Geräte blenden dazu nach dem Start (noch während der Satellitensuche) einen Bildschirm ein, auf dem man auswählen kann, ob der Standort vom

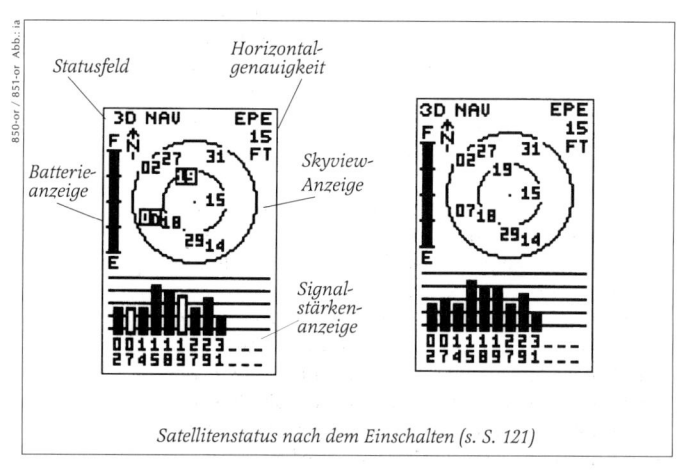

Satellitenstatus nach dem Einschalten (s. S. 121)

Gerät selbst ermittelt werden soll oder nicht („*Autolocate*" oder „*Select Country*"). Wählt man dann „Select Country", so erscheint eine Liste von Ländern, die man mit der Pfeiltaste durchscrollen kann, um das Land auszuwählen, das dann mit der Enter-Taste bestätigt wird. Danach dauert die exakte Positionsbestimmung gewöhnlich nur 1–2 Minuten.

Die Initialisierung ist nur in folgenden Fällen erforderlich:
• wenn Sie das Gerät neu gekauft haben und zum ersten Mal benutzen,
• wenn man sich mit ausgeschaltetem Gerät mehr als 800 km von der zuletzt berechneten Position entfernt hat,
• falls der Empfängerspeicher gelöscht wurde.

Funktionen und Bildschirmseiten

Ältere GPS-Geräte hatten lediglich ein Ziffern-Display, das die Koordinaten des Standpunktes anzeigte. Moderne Geräte hingegen verfügen über eine Vielfalt von Funktionen, denen jeweils eine eigene Bildschirmseite im Display zugeordnet ist. Durch intuitive Menüführung, lassen sich bei guten Geräten die meisten Funktionen aufrufen und nutzen, ohne dass man im Handbuch nachschlagen muss.
Die Menüs der von mir getesteten Geräte (s. Anhang) unterscheiden sich meist nur geringfügig voneinander (Ausnahme: Silva GPS Compass). Jedes der Modelle hat seine Vorteile und Stärken, aber insgesamt scheint mir nach längerem Vergleich das *Garmin GPS 12 XL* das für Wanderungen und ähnliche Wildnistouren am besten geeignete Gerät zu sein. Deshalb habe ich dieses Modell als Beispiel ausgewählt, um Funktionen und Bildschirmseiten zu beschreiben. Geräte anderer Hersteller verfügen

GPS

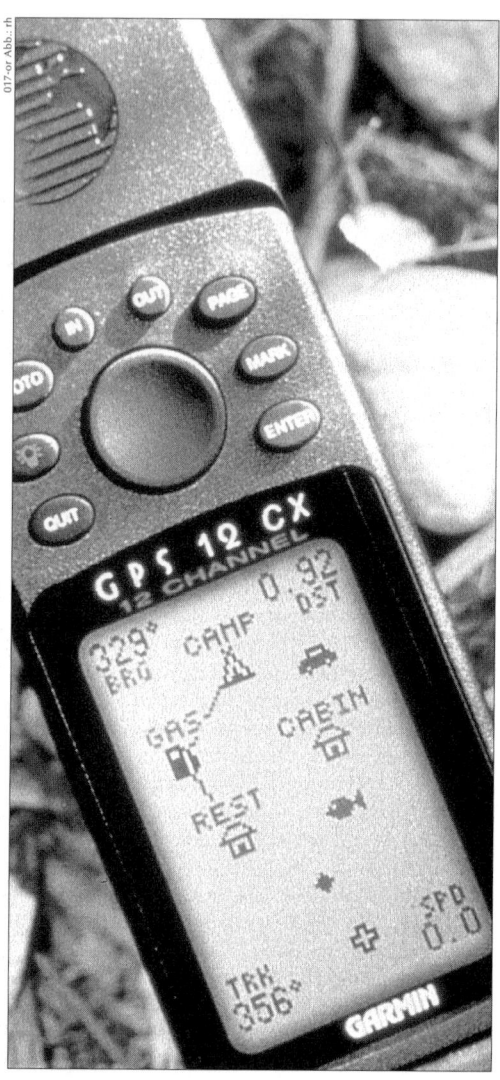

▶ Garmin GPS 12 CX mit Display „Routenskizze" (im Original farbig) mit Symbolen und den Angaben Sollkurs (BRG), aktueller Kurs (TRK), Entfernung zum Wegepunkt (DST) und momentane Geschwindigkeit (SPD)

▶ (oben): Display „Satellitenstatus" (noch vor der Positionsfixierung)

▶ (unten): Display „Position"; Positionsangabe in Grad und Minuten, sowie folgenden Informationen: momentaner Kurs, Geschwindigkeit, zurückgelegte Entfernung und Höhe ü. NN

weitgehend über die gleichen Funktionen; lediglich die Darstellung und Menüführung kann sich von den beschriebenen Beispielen etwas unterscheiden.

Satellitenstatus-Seite

Nach dem Einschalten zeigt das initialisierte Gerät die Satellitenstatus-Seite: eine graphische Darstellung, der man die Position der nutzbaren Satelliten entnehmen kann, und ein Balkendiagramm, das die Stärke der Signale anzeigt. *„Kein Balken"* bedeutet: der Satellit wird noch gesucht; *„transparenter Balken"* bedeutet, dass der Satellit gefunden wurde und die Daten erfasst werden (das dauert 30–60 Sekunden), *„gefüllter Balken"* bedeutet: Datenaufnahme ist beendet und der Satellit kann zu Berechnungen verwendet werden.

Positionsseite

Sobald genügend Daten gesammelt wurden (etwa nach einer Minute) berechnet das Gerät jede Sekunde seine aktuelle Position und schaltet automatisch zur *Positionsseite* um. Sie zeigt die Koordinaten der aktuellen Position, die Höhe über dem Meer, die zurückgelegte Entfernung, den momentanen Kurs und die momentane Geschwindigkeit sowie

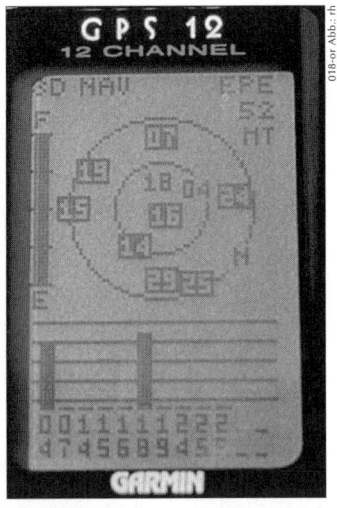

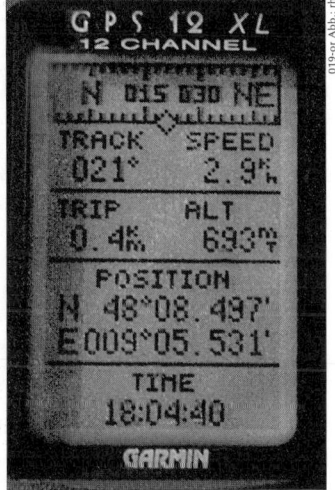

Uhrzeit und Geschwindigkeit. Die letzteren Daten können natürlich nur berechnet werden, wenn Sie sich mit eingeschaltetem Gerät bewegen.

SETUP-Menüs

Um mit den Angaben des GPS-Gerätes arbeiten zu können, muss es zunächst Ihren Anforderungen und vor allem denen der verwendeten Karte angepasst werden. Dazu dient das **Setup-Menü**, das beim GPS 12 XL auf der Hauptmenüseite (*Main Menue*) zu finden ist. (Die weiteren Optionen der Hauptmenüseite können hier aus Platzgründen nicht dargestellt werden)

Das Setup-Menü wiederum umfasst insgesamt sieben Untermenüs – u.a. zum Einstellen von Datum und Uhrzeit, Bildschirmkontrast, Hintergrundbeleuchtung und Signaltönen, Kartendarstellung, Maßeinheiten, Kursaufzeichnung, Speicherkriterien und Schnittstellen. Besonders wichtig sind in diesem Zusammenhang die **Navigationseinstellungen** im Untermenü „*NAV SETUP*":

Positionsformate (*Koordinatensystem*)

Hier wird das Format des Koordinatensystems eingestellt, in dem das Gerät die Position anzeigt. Voreingestellt ist die Angabe der geografischen Länge und Breite in Grad und Minuten; man kann aber auch die Angabe in Grad, Minuten und Sekunden, nur in Grad, sowie in verschiedenen geodätischen Gittern (z. B. in UTM/UPS, deutschen, britischen, schweizer, schwedischen und anderen Gitternetzformaten) einstellen.

Achtung: Das eingestellte Positionsformat muss dem Gitter der benutzten Karte entsprechen, damit die vom Gerät angezeigte Position auf die Karte übertragen werden kann bzw. um die Koordinaten eines Punktes auf der Karte ins Gerät einzugeben. Um mit verschiedenen Gitterformaten arbeiten zu können, sollte das GPS-Gerät über alle gängigen Koordinatensysteme verfügen.

Kartenbezugssysteme (Kartendatum)

Die Form der Erde ähnelt einer an den Polen abgeflachten Kugel. Um eine Karte zu zeichnen, muss man also einen Körper als Fläche wiedergeben (Kartenprojektion). Hierzu wiederum muss zunächst die Form des Körpers definiert werden, da die Erde eben keine perfekte Kugel ist.

Tatsächlich gibt es über hundert verschiedenen Systeme nach denen diese Oberflächenform für einzelne Regionen möglichst wirklichkeitsgetreu definiert wird. Diese Systeme bezeichnet man als *Kartenbezugsysteme* oder *Kartendatum* (*Map Datum*). Arbeitet das GPS-Gerät mit einem anderen Kartendatum als die verwendete topografische Karte (meist ist WGS-84 = World Geodetic System 1984 voreingestellt), können sich bei Positionsangaben Abweichungen von mehreren hundert Metern bis nahezu einem Kilometer ergeben.

Die Grundlagen der Kartenbezugssysteme brauchen uns nicht zu interessieren; wichtig ist es jedoch, das auf der Karte angegebene Datum zu verwenden (z. B. „Europäisches Datum" oder „Potsdam Datum").

Moderne Geräte bieten eine Auswahl von über 100 verschiedenen Kartenbezugssystemen, die man bequem durchscrollen und per „Enter" eingeben kann. Das Gerät rechnet dann alle Positionsdaten auf dieses

Benutzerdefiniertes Bezugssystem

Manche GPS-Geräte bieten die Option, ein nicht im Speicher enthaltenes Bezugssystem (Kartendatum) selbst zu definieren (User Grid). Diese Funktion sollten Sie allerdings nur nutzen, wenn Sie im Umgang mit Bezugssystemen (Gitternetzformaten) geschult sind. Falsche Eingaben können zu erheblichen Positionsfehlern führen!

GPS

(der topografischen Karte entsprechende) Bezugsystem um.

Falls auf der Karte kein geodätisches Datum angegeben sein sollte, behalten Sie die Einstellung WGS-84 bei.

Maßeinheiten

Alle Entfernungen und Geschwindigkeiten können in britischen, nautischen oder metrischen Maßeinheiten angezeigt werden. Die gewünschte Einheit kann im Unterpunkt *„Units"* des Setup-Menüs ausgewählt werden.

Kursreferenz (*Heading*)

Um Kurswinkel anzugeben, bezieht sich das Gerät (entsprechend dem Kompass) auf die Nordrichtung. Im Gegensatz zum Kompass kann es die Kurswinkel jedoch nicht nur in Bezug auf die magnetische Nordrichtung (*AUTO MAG*) angeben, sondern wahlweise auch in Bezug auf die geografische Nordrichtung (*TRUE*) oder auf Gitternord (*GRID*).

Wollen Sie die Kurswinkel auf die Karte übertragen, müssen Sie das Gitter der Karte einstellen (geografisch oder geodätisch). Sollen die Kurswinkel direkt am Kompass eingestellt werden, wählen Sie als Kursreferenz die magnetische Nordrichtung.

Unter der Option *„USER* (oder *„USER MAG")* können Sie außerdem die Größe der Missweisung (in Grad) und ebenso ihre Richtung (E oder W) eingeben, dann brauchen Sie die Missweisung

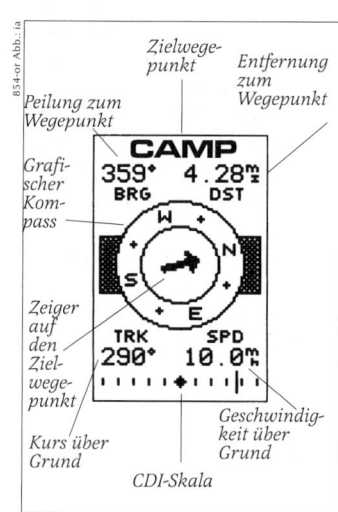

Zielwegepunkt

Entfernung zum Wegepunkt

Peilung zum Wegepunkt

Grafischer Kompass

Zeiger auf den Zielwegepunkt

Kurs über Grund

Geschwindigkeit über Grund

CDI-Skala

854-or Abb.: ia

beim Übertragen von GPS-Kursen auf den Kompass nicht mehr zu berücksichtigen (jedenfalls solange die eingegebene Missweisung gilt).

Navigationsseite (*Leitsystem*)

Um mit Hilfe des GPS-Gerätes nicht nur Ihre Position zu ermitteln, sondern auch ein bestimmtes Ziel ansteuern zu können, bieten fast alle modernen Geräte mindestens eine Navigationshilfe (= Leitsystem) in Gestalt einer graphischen Bildschirmseite an, die Ihnen z. B. mit einem Pfeil die Richtung zum angesteuerten Ziel weist. Die Zielrichtung per Pfeil wird in Bezug auf Ihren momentanen Kurs angezeigt und kann daher nur funktionieren solange Sie sich mit eingeschaltetem Gerät bewegen. Meist wird oben auf dem Bildschirm die Bezeichnung des angesteuerten Ziels gezeigt (z. B. „Camp"), darunter Kurs (*BRG*) und Entfernung (*DST*) zum Ziel (in Luftlinie!).

Im mittleren Teil des Bildschirms wird eine **graphische Kompassrose** dargestellt, die während der Bewegung den aktuellen Kurs in Relation zu den Himmelsrichtungen zeigt. Der Pfeil in ihrem Zentrum ist keine Kompassnadel, sondern ein **Richtungsweiser**, der Ihnen (solange Sie sich bewegen) anzeigt, in welcher Richtung Ihr Ziel liegt. Zeigt er nach oben, befinden Sie sich genau auf dem richtigen Kurs. Zeigt er nach links oder rechts, müssen Sie soweit nach links bzw.

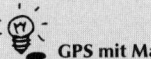

GPS mit Magnetkompass

Die meisten GPS-Geräte können die Richtung zu einem Zielpunkt nur während der Bewegung anzeigen, da sie als Referenzrichtung den momentanen Kurs dafür benötigen – und den berechnen sie aus den Positionsänderungen während der Bewegung. Das einzige mir bekannte Gerät, das auch während des Stillstands die Richtung zu einem gewählten Ziel zeigen kann, ist der Silva GPS Compass. Er braucht sich nicht auf die aktuelle Bewegungsrichtung zu beziehen, da er über einen eingebauten elektronischen Magnetkompass verfügt und die Zielrichtung in Relation zur magnetischen Nordrichtung anzeigen kann.

GPS

rechts schwenken bis er wieder nach oben zeigt. Das heißt: Solange Sie mit eingeschaltetem Gerät marschieren, brauchen Sie sich nicht an den direkten Kurs zu halten, sondern können beliebig davon abweichen, um Hindernisse zu umgehen, da das Gerät ständig die neue Kursrichtung zum Ziel errechnet und Ihnen jederzeit anzeigt, in welche Richtung Sie gehen müssen, um das Ziel zu finden.

Unterhalb der graphischen Kompaßdarstellung erscheint auf der Navigationsseite der tatsächliche

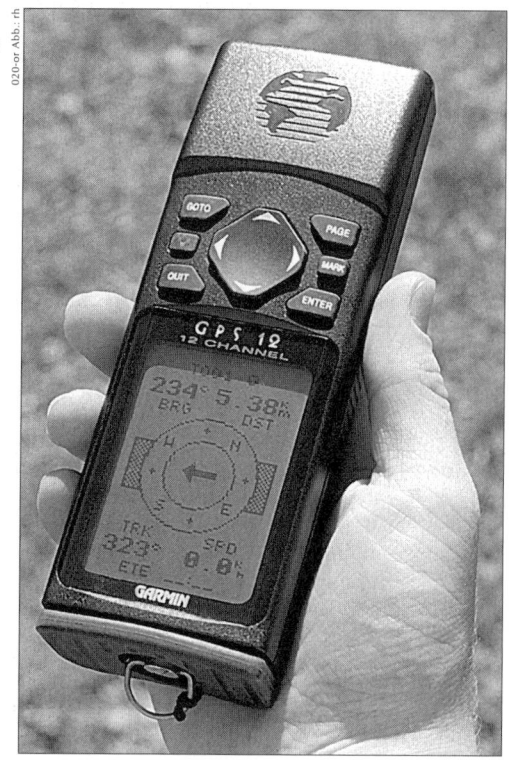

▶ *Garmin GPS 12 im Einsatz in der Funktion „Navigation" mit Display „Kompaßseite" und folgenden Informationen (von l.o. nach r.u.): „234° BRG" (Sollkurs zum Wegpunkt), „5,38 km DST" (Entfernung zum Wegpunkt in Luftlinie), Graphischer Kompaß (Pfeil zeigt die Richtung zum aktiven Wegpunkt), „TRK 323°" (aktueller Kurs), „SPD 0,0 kh" (aktuelle Geschwindigkeit)*

Kurs (*TRK*) und die Geschwindigkeit (*SPD*) mit der Sie sich bewegen. Darunter befindet sich die **CDI-Skala**, die Ihnen anzeigt, in welche Richtung und um welche Entfernung Sie vom Zielkurs abgewichen sind.

Kartenseite

Bei den digitalisierten Landkarten, die für verschiedene GPS-Empfänger bereits erhältlich sind, handelt es sich fast immer um Straßenkarten, die für unsere

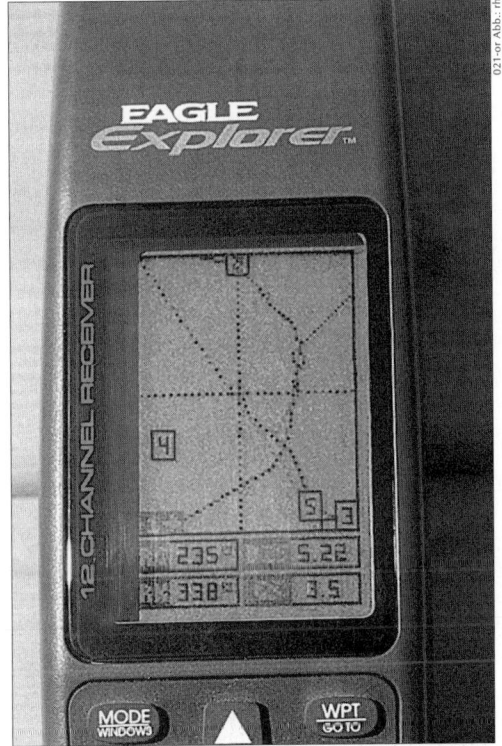

◀ *Eagle Explorer mit Display „Plotterkarte"*

GPS

127

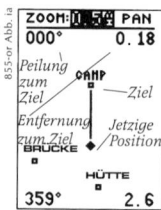

855-or Abb. ia

Zwecke nicht geeignet sind. Viele moderne GPS-Geräte können jedoch eine Kartenseite anzeigen, die als stark vereinfachte **Kartenskizze** die momentane Position und die relative Lage von Start-, Ziel- und Wegpunkten sowie den bisher zurückgelegten Weg darstellt (Aufzeichnung des zurückgelegten Weges natürlich nur solange das Gerät eingeschaltet ist). Die Karte lässt sich mit der **PAN-Funktion** verschieben und per **Zoom** in verschiedenen Maßstäben darstellen. Im einfachsten Fall kann man sich (bei ständig eingeschaltetem Gerät) allein anhand dieser Kartenskizze orientieren, um Zielpunkte anzusteuern bzw. zum Ausgangspunkt zurückzufinden. Auf längeren Strecken ist dies allerdings wegen des hohen Stromverbrauchs nicht sinnvoll.

> ### Übung macht den Meister
>
> *Grundsätzlich gilt für die GPS- ebenso wie für die Kompassarbeit, dass man sie möglichst häufig in Situationen einüben sollte, in denen man nicht unbedingt darauf angewiesen ist, damit man den Umgang mit dem Gerät sicher beherrscht, wenn es einmal wirklich darauf ankommt. Das GPS-Gerät kann - als Ergänzung zu Karte und Kompass - die Orientierung und Navigation stark vereinfachen. In extremen Situationen kann es sogar die einzige praktikable Möglichkeit bieten, die momentane Position zu bestimmen und ein bestimmtes Ziel zu erreichen.*

Arbeiten mit GPS

Die Möglichkeiten, die moderne GPS-Geräte bieten, sind für eine umfassende Darstellung im Rahmen dieses Buches bei weitem zu vielfältig, denn da die Geräte inzwischen weit mehr können als nur eine Position ermitteln, ist die Bezeichnung GPS (Global Positioning System) längst veraltet und müsste durch „GNS" (Global Navigation System) ersetzt werden. Dieses Thema erfordert ein eigenes Buch, das demnächst in der vorliegenden Reihe erscheinen wird. Hier können nur einige wichtige Grundfunktionen der praktischen GPS-Orientierung erklärt und Tips gegeben werden, wie sich GPS- und Kompassarbeit ergänzen können.

Positionsbestimmung

Nichts einfacher als das: dazu braucht man das Gerät nur unter freiem Himmel einzuschalten. Innerhalb von etwa 1–2 Minuten ermittelt es mit Hilfe der empfangenen Satellitensignale die aktuelle Position und zeigt sie auf dem Display im ausgewählten Koordinatensystem an. Die Abweichungen von max. 100 m ist für die meisten Orientierungszwecke tolerierbar.

Die bloßen Koordinaten sind allerdings für die Orientierung noch nicht sehr hilfreich. Um damit arbeiten zu können und seine Position in Relation zum Gelände zu ermitteln, müssen sie auf die Karte übertragen werden.

**Genauere Position
durch Mittelwertbildung**

Während einer Rastpause kann man die Position exakter bestimmen, indem man das Gerät eingeschaltet lässt und die Funktion Mittelwertbildung (Average) aktiviert. So werden die Fehler durch Selective Availability vermindert.

Position auf die Karte übertragen

Um die vom GPS-Gerät angezeigten Koordinaten auf die Karte zu übertragen, muss das Gerät mit dem gleichen Gitter arbeiten, das auf der Karte aufgedruckt ist (s. o.). Mit Hilfe des Gitters ist das Quadrat

040-or Abb.: rh

GPS

◀ *Bei Regen und Nässe ist eine wasserdichte Kartentasche wichtig.*

bzw. Rechteck, in dem man sich befindet, rasch bestimmt. Um die **exakte Position** zu erhalten, muss man an einer senkrechten und einer waagerechten Linie dieses Quadrats die Feinunterteilung in Minuten und Sekunden abtragen und die vom Gerät angegebenen Koordinaten einzeichnen um deren Schnittpunkt zu erhalten. Bei Karten mit einem geodätischen Gitter (UTM oder Gauß-Krüger) geht dies am schnellsten und einfachsten mit einem **Planzeiger**. Mit ihm lassen sich auf Karten mit geodätischem Gitter auch rasch die Koordinaten einzelner Punkte ermitteln, um sie z. B. als Ziel- oder Wegpunkt in das GPS-Gerät einzugeben. Eine ausführlichere Darstellung der Arbeit mit dem Planzeiger und der Übertragung von GPS-Koordinaten auf die Karte enthält der Spezialband zum Thema GPS, der demnächst in dieser Reihe erscheinen wird.

Planzeiger

Ein Planzeiger ist eine Art durchsichtiges „Lineal" mit zwei rechtwinklig zueinander liegenden Skalen, die es ermöglichen, Rechts- und Hochwert (Länge und Breite) gleichzeitig abzulesen bzw. auf die Karte zu übertragen. Jeder Kartenmaßstab erfordert einen ihm entsprechenden Planzeiger.

Vereinfachte Übertragung mit Hilfe eines GPS-Kartenlesegeräts

Da das Übertragen der Positionskoordinaten auf die Karte oft Schwierigkeiten bereitet (etwa weil auf den Karten kein geeignetes Gitter aufgedruckt ist), gibt es inzwischen Zusatzgeräte – wie die Silva Navimap (Bezugsquelle: Onneken) und den Yeoman® XP1 (Bezugsquelle GPS Gesellschaft) –, die an das GPS-Gerät angeschlossen werden und eine Verbindung zwischen dem Empfänger und der Karte herstellen. Mit diesen Geräten kann man (ähnlich wie mit einer Computermaus) die Position exakt und mühelos auf jede beliebige Karte übertragen – völlig unabhängig von deren Maßstab oder Koordinatensystem, ja selbst auf Karten oder Pläne, auf denen überhaupt kein Netz eingezeichnet ist. Die Navimap ist für Wanderungen noch etwas groß und schwer, aber z. B. für Kanutouren durchaus geeignet.

Der Yeoman® XP1 dagegen wiegt nur 880 g und kann durchaus auch auf Wanderungen mitgenommen werden. Leider sind diese Geräte noch recht teuer.

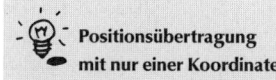

Positionsübertragung mit nur einer Koordinate

Wenn Sie sich auf einem Pfad oder einer sonstigen Standlinie befinden, genügt es, eine der beiden Koordinaten auf die Karte zu übertragen. Aus ihrem Schnittpunkt mit der Standlinie ergibt sich dann die Position.

Funktionsweise

Um die Karte für das elektronische System lesbar zu machen, muss zunächst das Kartenlesegerät auf die Karte abgestimmt werden, was aber kaum eine Minute in Anspruch nimmt:

● Die Karte auf DIN A-4 falten und in das Gerät einspannen.

● Das Gerät per mitgeliefertem Kabel an das GPS-Gerät anschließen.

● Mit der Kartenmaus (beim Silva-Gerät „Puck" genannt) einen Punkt markieren, dessen Koordinaten bekannt sind (z. B. den Startpunkt oder eine Eckkoordinate).

027-or Abb.: rh

◄ *Der Yeoman XP1 erleichtert das Übertragen der GPS-Position auf die Karte und die Eingabe von Wegepunkten beträchtlich.*

GPS

- Einen beliebigen Punkt nördlich davon anklicken.
- Den Kartenmaßstab eingeben.

Jetzt kennt sich das Gerät auf der Karte aus, und Sie können damit jeden mit dem GPS-Gerät ermittelten (oder darin gespeicherten) Punkt ganz einfach auf die Karte übertragen. Dazu legen Sie die Kartenmaus einfach auf die Landkarte und verschieben sie in die auf dem Display angezeigte Richtung (bzw. beim Silva-Gerät in Richtung der Lichtpunkte). Sobald keine Richtung mehr angezeigt wird, befindet sich das Fadenkreuz exakt auf der angesteuerten Position, die sich dann bequem auf der Karte markieren lässt. Entsprechend lassen sich auch ganze Routen als eine Reihe von Punkten) auf die Karte übertragen.

Umgekehrt ist es aber auch möglich, mit dem Lesegerät einzelne Punkte oder ganze Routen auf der Karte anzufahren und durch einfachen Mausklick als Wegpunkte im GPS-Gerät abzuspeichern.

Position speichern

Aktuelle Position: Jede vom Gerät ermittelte Position lässt sich durch simplen Knopfdruck abspeichern und mit einer Nummer oder einem Namen (z. B. „Start", „Camp", „Hütte" etc.) kennzeichnen. Sinnvollerweise sollte man die gespeicherte Position mit der entsprechenden Bezeichnung auch auf der Karte vermerken.

Koordinaten eingeben: Bereits bei der Planung einer Tour kann man die Position wichtiger Punkte entlang der Route im Gerät abspeichern, indem man deren Koordinaten eingibt. Diese Koordinaten kann man aus der Karte ermitteln. Zunehmend wird die Position von Berghütten etc. aber bereits in geografischen Koordinaten angegeben. Außerdem kann man zu Hause auf dem Computer mit einer digitalisierten Karte arbeiten, die zu jeder beliebigen Mausposition die Längen- und Breitenkoordinaten angibt. Dann

Koordinaten im Internet

Im GEOnet Names Server des US-Verteidigungsministeriums finden sich die Koordinaten zahlloser - auch kleinster - Orte schnell und kostenlos: http://164.214.2.59/ gns/html

muss man den Mauszeiger nur auf den gewünschten Punkt positionieren und kann die Koordinaten sofort ablesen. Bei den oben erwähnten Kartenlesegeräten werden die Koordinaten sogar durch einfachen Knopfdruck im GPS-Gerät gespeichert.

Referenzposition: Einen Punkt, dessen Koordinaten nicht bekannt sind, kann man eingeben, indem man von einem bekannten Punkt aus mit dem Kompass dessen Richtungswinkel ermittelt und auf der Karte die Entfernung zwischen beiden Punkten misst. Gibt man diese Daten in das GPS-Gerät ein, so errechnet es die Koordinaten des neuen Punktes.

Positionsbestimmung per „Kreuzpeilung"

Falls auf Ihrer Karte kein Gitter eingezeichnet oder Ihnen die Positionsbestimmung nach Kartengitter zu mühsam ist, können Sie mit GPS und Kompass jederzeit Ihre Position auf der Karte durch eine (evtl. vereinfachte Art) der Kreuzpeilung ermitteln. Dazu muss zumindest ein Wegpunkt mit Koordinaten im Gerät gespeichert und auf der Karte identifizierbar sein. Im einfachsten Fall ist dies der Ausgangspunkt der Tour, dessen Koordinaten Sie vor dem Start einfach per Knopfdruck eingeben. Sicherheitshalber können Sie auch bereits vor der Tour die Koordinaten eines Punktes eingeben, der auf der Karte identifizierbar ist und möglichst im rechten Winkel zu Ihrem Kurs liegen sollte.

Um Ihre momentane Position auf die Karte zu übertragen, brauchen Sie nur diesen Wegpunkt auszuwählen (per GOTO-Taste, s. u.). Das Gerät zeigt Ihnen dann den Kurswinkel und die Entfernung vom momentanen Standpunkt zu diesem Wegpunkt. Den Kurswinkel können Sie am Kompass einstellen und genau wie bei der „Standortbestimmung per Kompass" auf die Karte übertragen. (Darauf achten, dass am GPS-Gerät die gleiche Referenzrichtung eingestellt ist, nach der auch das Kartengitter ausgerichtet ist!) Die

GPS

zweite Koordinate ergibt sich aus der Entfernung, die man mit Hilfe des Maßstabs und der Millimetereinteilung am Kompasslineal auf die Karte überträgt.

Steht ein zweiter Wegpunkt zur Verfügung, so kann man die Entfernung ignorieren und genau wie bei der Kreuzpeilung den zweiten Kurswinkel auf die Karte übertragen. Der Standort ergibt sich dann wie gehabt aus dem Schnittpunkt der beiden Peilungen.

Wegpunkte und Routenplanung

Im Gerät abgespeicherte Punkte entlang einer Route werden als **Wegpunkte** (*Waypoints*) bezeichnet. Moderne GPS-Empfänger können Hunderte von Wegpunkten nach einzelnen Routen geordnet abspeichern und jederzeit Entfernung und Kurswinkel zwischen beliebigen Wegpunkten anzeigen. Die einzelnen Routen können ebenfalls mit einem Namen versehen werden, damit man die gewünschte Route mit zugehöriger Wegpunktliste rasch findet und aufrufen kann. Bestehende Wegpunkte und Routen kann man jederzeit umbenennen, bearbeiten, mit Kommentaren versehen oder löschen.

Diese Funktion entspricht einer **elektronischen Kursskizze** und ist sehr hilfreich, um Routen zu planen und die Orientierung unterwegs zu erleichtern. Sobald eine Route ausgewählt (aktiviert) ist, zeigt Ihnen das Gerät Kurswinkel und Distanz vom momentanen bzw. zuletzt passierten Wegpunkt (*active from WPT*) zum nächsten Wegpunkt (*active to WPT*). Sie können sich nun mit Hilfe des Richtungspfeils auf der Navigationsseite von einem Wegpunkt zum nächsten führen lassen oder, um Strom zu sparen, den angezeigten Kurswinkel am Kompass einstellen, das Gerät bis zum Erreichen des nächsten Wegpunkts ausschalten und den Kurs nach Kompass halten. Letzteres ist natürlich mühsamer, da Sie jedes Hindernis unterwegs ebenfalls nach Kompass und Kurswinkel umgehen müssen, während Sie es mit GPS auf beliebige Weise umgehen können und jederzeit die Richtung zum nächsten Wegpunkt kennen.

In einigermaßen übersichtlichem Gelände können Sie aber auch die grobe Richtung nach Sicht halten und nur gelegentlich per GPS-Gerät überprüfen und ggf. korrigieren. Wenn Sie unterwegs vom Kurs abweichen spielt das – anders als bei der Kompassorientierung – keine Rolle, da das GPS-Gerät jedesmal beim Einschalten sofort die aktuelle Position und den neuen Kurswinkel ermittelt.

GOTO

Mit der GOTO-Taste können Sie jeden beliebigen ausgewählten Wegpunkt zum nächsten Ziel machen. Das Gerät zeigt Ihnen dann (unabhängig von Karte und Koordinatensystemen) den Kurswinkel und die Entfernung dorthin an. Und auf der Navigationsseite auch die Richtung, in die Sie gehen müssen, um dieses Ziel zu erreichen.

▼*Arbeiten mit dem Silva GPS Compass und dr Navimap (zu zweit geht's einfacher).*

GPS

028-or Abb.: rh

Backtracking

Die *Backtrack-* (oder *TrackBack-*) Navigation eignet sich vor allem für kürzere Touren, da hierzu das Gerät permanent eingeschaltet sein muss. Es zeichnet dann den gesamten Weg auf, zerlegt ihn in eine Route mit bis zu 30 einzelnen Wegpunkten und kehrt diese Route um (der letzte Wegpunkt wird zum Start, der älteste zum Ziel). So kann man selbst ohne Landkarte den gleichen Weg schnell und einfach zurückzuverfolgen.

Backtrack oder GOTO?

In einer Gegend mit wenigen und keinen größeren natürlichen Hindernissen, gelangt man u. U. schneller und einfacher zum Ausgangspunkt zurück, indem man ihn per GOTO zum Zielpunkt macht und sich auf direktem Weg dorthin führen lässt. Das ist vor allem dann vorzuziehen, wenn man eine gute Karte hat, aus der man ersieht, dass es auf der direkten Route keine Hindernisse gibt. Was aber, wenn man keine Karte hat und dann plötzlich vor einer Schlucht oder einem Sumpf steht und nicht weiß in welcher Richtung das Hindernis am besten zu umgehen ist. Ohne gute Karte ist daher im Zweifelsfall die Backtrack-Option vorzuziehen. Die Strecke mag dann länger sein. Aber man kennt sie und weiß, dass sie begehbar ist.

Entfernungen

Mit dem GPS-Gerät können Sie die Länge der zurückgelegten Strecke exakt messen – unabhängig von Schrittlänge und Zeit. Dies funktioniert aber nur bei ständig eingeschaltetem Gerät.

GPS auf längeren Touren

Bei längeren Wildnistouren wird man das GPS-Gerät nicht im Dauerbetrieb einsetzen (sonst braucht man u. U. zwei Batteriesätze pro Tag), sondern nur gelegentlich einschalten, um Position (und evtl. den Kurs zum nächsten Zwischenziel) zu bestimmen, falls Orientierungspunkte nicht vorhanden oder wegen schlechter Sicht nicht erkennbar sind. Der Kurs wird dann am Kompass eingestellt, so dass man das Gerät wieder ausschalten und nach Kompass weiterwandern kann. Oder Sie bestimmen per GPS nur die aktuelle Position, übertragen diese auf die Karte und ermitteln den Kurs per Karte und Kompass.

Je nach Gelände und Orientierungspunkten, kann man aber auch bei abgeschaltetem Gerät längere Zeit einfach nach Sicht wandern und den Empfänger nur bei Bedarf kurz einschalten, um den Kurs zu überprüfen und ggf. zu korrigieren.

Hinweise für den Kauf eines GPS-Gerätes

- Empfindlichkeit des Empfängers (funktioniert das Gerät auch im Wald?)
- einfache Bedienung auch bei Dunkelheit und mit Handschuhen
- Unempfindlichkeit der Anzeige gegen Hitze und Kälte
- verfügbare Koordinatensysteme und Kartenbezugssysteme
- Gewicht (besonders bei Wanderungen)
- Stromverbrauch
- Initialisierung (bei manchen älteren Geräten et was kompliziert)

Nordrichtung

Wenn der vom GPS-Gerät angegebene Kurs zum Wegpunkt direkt am Kompass eingestellt werden soll, muss beim GPS-Empfänger als Kursreferenz (Heading) unbedingt die magnetische Nordrichtung eingestellt sein; entweder AUTO MAG (bei geringfügiger Missweisung) oder USER MAG plus Missweisung. Arbeitet man überwiegend auf der Karte, muss als Kursreferenz die Nordrichtung des Kartengitters (entweder geografisch oder geodätisch) eingestellt sein. Dann muss man für Kompasseinstellungen entweder die Deklination oder die Nadelabweichung berücksichtigen.

GPS

GPS-Handgeräte im Vergleich

	Garmin GPS 12	Lowrance Global NAV 12
Hersteller	Garmin	Lowrance Electronics
Vertrieb	Därr GPS Gesellschaft	Lowrance Electronics
Empfänger	differentialfähige 12-Kanal-Parallel-Technik	differentialfähige Rockwell 12-Kanal-Parallel-Technik
Empfindlichkeit	sehr gut (auch im Wald	gut (auch im Wald)
Wegpunkte	500 (mit Namen und Symbolen)	750 plus 500 Event Marker
Routen	20 umkehrbare mit je 30 Wegepunkten	25
Backtrack-Funktion	ja	ja
Koordin.-systeme	9	k. A.
Kartenbezugs-system	107	189
Anlaufzeiten	Warmstart ca. 15 Sek., Kaltstart ca. 45 Sek., Autolocate ca. 5 Min.	Warmstart ca. 15 Sek., Kaltsta ca. 45 Sek., Autolocate ca. 5 Mi
Initialisierung	einfach per Select Country	einfach per Select Country
Display	5,6 x 3,8 cm hochauflösender LCD-Schirm mit Beleuchtung	5,6 x 3,7 cm hochauflösender LCD-Schirm mit Beleuchtung
Batterien	4 AA Alkaline-Batterien oder Akkus (bis zu 24 h Betriebsdauer)	4 AA Duracell-Batterien (bis zu 12 h Dauerbetrieb)
Arbeitstemper.	-15°C bis +70°C	-15°C bis +70°C
Größe	5,3 x 14,7 x 3,1 cm	5,5 x 16,5 x 4,0 cm
Gewicht	ca. 269 g (inkl. Batterien)	ca. 335 g (inkl. Batterien)
Preis	ca. DM 379.- ca. DM 650.-	ca. DM 475.-
Bemerkungen	ein sehr kleines, leichtes, handliches und einfach zu bedienendes Gerät, das besonders schnell arbeitet und bei kurzzeitigem Satellitenverlust interpoliert.	sehr gut verschiebbare Plotterkarte, warnt bei Satellitenverlu durch blinkende Ziffern; irritierende Einblendung einer Meldung bei jedem Satellitenverlust.

(Vertriebsadressen siehe Anhang)

Magellan GPS 315	Silva GPS Compass
Magellan	Silva Sweden
Ferropilot	Onneken, Meß- und Prüftechnik
differentialfähige 12-Kanal-Parallel-Technik	5-Kanal-Parallel-Technik
gut (auch im Wald)	gut (auch im Wald)
500 (alphanumerisch)	1000
20 umkehrbare mit je 30 Wegepunkten	keine
ja	durch Aufruf der Wegpunkte in umgekehrter Reihenfolge
11	2 (Länge/Breite, UTM)
78	100
Warmstart ca. 35 Sek., Kaltstart ca. 3-5 Min.	Warmstart 15 Sek., Kaltstart ca. 15 Min.
einfach per Select Country	rel. aufwendig durch Dateingabe
4,6 x 3,6 cm hochauflösender LCD-Schirm mit Beleuchtung	2,3 x 4,9 cm LCD-Schirm mit Beleuchtung
2 AA Alkaline-Batterien (bis zu 15 h Betriebsdauer)	6 AA-Batterien (bis zu 12 h GPS-Betriebsdauer, bis 20 h im Sparmodus, 500 h im Kompassmodus
-10°C bis +60°C	-25°C bis +70°C
5,0 x 15,8 x 3,5 cm	9,0 x 19,6 x 3,9 cm
ca. 199 g (inkl. Batterien)	ca. 440 g (inkl. Batterien)
ca. DM 1.100.-	
eingebaute Datenbank zur Anzeige von fast 20.000 Städten auf der Plotterkarte	eingebauter elektronischer Kompass; ermöglicht, auch im Stand die Richtung zu einem Ziel abzulesen; besonders kälteunempfindliches Display; relativ große auch mit Handschuhen bedienbare Tasten; neues Modell in Vorbereitung.

GPS

GPS nur für Extremtouren?

Bei GPS denkt jeder sofort an Polarexpeditionen und Wüstendurchquerungen. Aber auch in viel alltäglicheren Situationen kann das Gerät sehr hilfreich sein. Selbst bei einem kurzen Waldspaziergang. Man gibt einfach per Knopfdruck den Ausgangspunkt ein und kann unterwegs jederzeit das Gerät einschalten und auf dem Display die Richtung und Entfernung für den Rückweg ablesen – ohne auf Wegemarkierungen oder Kartengitter angewiesen zu sein. Oder man gibt einen Zielpunkt ein, zu dem kein beschilderter Weg führt, und das Gerät weist Richtung und Entfernung dorthin.

Selbst auf einer kurzen Bergtour zur nächsten Hütte kann plötzlich Nebel aufziehen und die Benutzung des Kompasses erschweren oder unmöglich machen. Mit GPS können Sie jederzeit Ihre Position bestimmen und die Richtung und Entfernung zum einprogrammierten Ziel oder Ausgangspunkt erkennen.

Möglichkeiten und Risiken: Kann das GPS den Kompass ersetzen?

Die heute angebotenen GPS-Geräte ermöglichen die Orientierung selbst in schwierigsten Situationen, in denen Kompass, Karte und Höhenmesser nicht mehr weiterhelfen, und können in vielen Fällen den Kompass tatsächlich ersetzen. Eine große Gefahr liegt jedoch darin, dass man sich ganz auf diese Geräte verlässt und dann vollkommen hilflos dasteht, wenn sie nicht (mehr) funktionieren – etwa weil die Batterie erschöpft ist, weil die Empfindlichkeit nicht ausreicht, wegen extremer Temperaturen oder durch mechanische Defekte. Wer dann keinen Kompass dabei hat oder nicht damit umgehen kann, der ist im wahrsten Wortsinn verloren. Es ist daher dringend anzuraten, auf alle Touren Karte *und* Kompass mitzunehmen – auch zusätzlich zum GPS-Gerät – und die Kompassarbeit regelmäßig zu üben. Auch wenn man ein GPS-Gerät benutzt, sollte man seinen Kurs ständig auf der Karte verfolgen, um bei einem Ausfall des Gerätes zu wissen, wo man sich befindet.

Noch größer wird das Risiko, wenn man sich im Vertrauen auf die Elektronik zu Touren in Regionen verleiten lässt, in denen die Orientierung besonders schwierig ist, und in die man sich ohne GPS gar nicht vorwagen würde – z. B. in Wald- oder Wüstengebiete ohne Orientierungspunkte. Wenn das Gerät dann unterwegs versagt, kann es selbst mit Kompass sehr problematisch werden, ein angesteuertes Ziel zu erreichen oder wieder zurückzufinden!

Das GPS ist fraglos ein fantastisches System, das in den verschiedensten Situationen die Orientierung wesentlich erleichtern oder überhaupt erst ermöglichen kann. Nur sollte man sich der Elektronik nicht völlig ausliefern und sich keinesfalls zum Leichtsinn verleiten lassen.

Ich selbst benutze ein GPS-Gerät nicht nur auf längeren Touren, sondern oft auch bei kurzen Waldspaziergängen – einerseits, um den Umgang damit einzuüben, andererseits um das Zurückfinden zu erleichtern (Holzabfuhrwege im heimischen Forst können durchaus verwirrend sein). Allerdings war ich bisher noch nie zwingend auf das Gerät angewiesen (weder auf kurzen noch auf langen Touren); d. h. ich hätte stets auch ohne seine Hilfe zurückgefunden. Also doch nur eine Spielerei? Nein. Genau das soll GPS ja leisten: die Navigation erleichtern und zusätzliche Sicherheit schaffen – nicht zu unkalkulierbaren Risiken verleiten. Und wie man schon lange vor dem Zeitalter der Elektronik herausgefunden hat: Unverhofft kommt oft!

GPS

Adressen

Geografische Buchhandlungen

Falls Sie gesuchte Landkarten oder Outdoor-Literatur nicht bei Ihrem Buchhändler finden, können Sie sich an eine der folgenden Buchhandlungen wenden, die sich auf Landkarten und Reiseliteratur spezialisiert haben:

Aachen
●*Mayersche Buchhandlung,*
Ursuliner Str. 17-19
Tel 0241/4777126, Fax 0241/4777167

Berlin
●*Kiepert KG*
Hardenbergstr. 4-5, 10623 Berlin
Tel 030/31188-0, Fax 030/31188-120
service@Kiepert.de, www.Kiepert.de
Spezialabteilung Berlin, Top-Karten
Brandenburg komplett vorrätig
●*Schropp Fachbuchhandlung für Landkarten, Reiseführer und Sprachen*
Potsdamerstr. 129, 10783 Berlin
Tel 030/2355732-0,
Fax 030/2355732-10
landkarten@schropp.de,
www.schropp.de
Spezialabteilung Top-Karten
Nord- und Osteuropas
●*Nautische Buchhandlung Dietrich Reimer, Unter den Eichen 57,*
12203 Berlin-Lichterfelde
Tel 030/8312341, Fax 030/8313873
Spezialist für Seekarten

Bern
●*Atlas Travel Shop,*
Schauplatzgasse 21, CH-3011 Bern
Tel 031/3119044, Fax 031/312 5405
www.atlastravelshop.ch
www.travelbook.ch
Filiale in CH-3232 Ins
Tel 032/3134407, Fax 032/3134408
Spezialgebiet Sahara und übriges Afrika

Bielefeld
●*Universitätsbuchhandlung Phönix,*
Oberntorwall 23
Tel 0521/58306-0, Fax 0521/58306-40

Bremen
●*Fata Morgana,*
Geografische Buchhandlung
Auf den Häfen 9/10, 28203 Bremen
Tel 0421/78717, Fax 0421/703059
Fata-morgana@t-online.de, www. mountmedia.de/fata-morgana

Düsseldorf
●*Sack und Pack*
Brunnenstr. 6, 40223 Düsseldorf
Tel. 0211/341742, Fax 0211/331406
www.sackpack.de,
Spezialgebiet: alpine Karten

Erlangen
●*Palm & Enke, Die Buchhandlung,*
Schloßplatz 1, 91054 Erlangen
Tel 09131/78090, Fax 09131/205275
info@palm-enke.de,
www.palm-enke.de

Essen
●*Orgs Buch- und Landkartenhaus*
Rosastraße 12, 45130 Essen
Tel 0201/781778, Fax 0201/780402
●*Baedeker, Kettwiger Str. 35*
Tel 0201/2068153, Fax 0201/2068100

Frankfurt/M
●*Hugendubel, Steinweg 12*
Tel 069/29982-130, Fax 069/2977322
●*Landkarten und Reiseführer*
Richard Schwarz KG

Eckenheimer Landstr. 36,
60318 Frankfurt am Main
Tel 069/553869, Fax 069/5975166
Berliner Str. 72 (Eingang: Großer
Hirschgraben), Tel 069/287278

Freiburg
● Landkartenhaus Voigt
Schiffstr. 6, 79098 Freiburg
Tel 0761/23908, Fax 0761/2020054
Schweizer Top-Karten komplett
vorrätig

Graz
● freytag & berndt
reisebuchhandlung
Sporgasse 29, A-8010 Graz
Tel 0043-316/818230,
0043-316/818230-30
Shop@freytagberndt.at

Hamburg
● Dr. Götze Land & Karte
Bleichenbrücke 9 (In der Bleichenhof-
Passage) 20354 Hamburg
Tel 040/3574630, Fax 040/3480318

Hannover
● Schmorl & von Seefeld,
Bahnhofstr. 14, 30159 Hannover
Tel 0511/3675-0, Fax 0511/325625
www.schmorl.de,
schmorl@hannover_sgh-net.de

Karlsruhe
● Buch-Kaiser GmbH
Kaiserstr. 199, 76133 Karlsruhe
Tel 0721/92929-0, Fax 0721/92929-90

Kiel
● Geobuchhandlung
Schülperbaum 9, 24103 Kiel
Tel 0431/91002, Fax 0431/94249
Geobuchkiel@t-online.de

Köln
● Landkartenhaus Gleumes & Co
Hohenstaufenring 47-51,
50674 Köln
Tel 0221/211550 oder 215650,
Fax 0221/249417
webmaster@landkartenhaus-gleu-
mes.de,
www.landkartenhaus-gleumes.de
Top-Karten Deutschland komplett
vorrätig

Ludwigsburg
● Buchhandlung Aigner,
Arsenalstr. 8
Tel 07141/936322,
Fax 07141/936350

Mainz
● Gutenbergbuchhandlung,
Große Bleiche 29
Tel 06131/2703312, Fax
06131/2703360

München
● Äquator GmbH,
Bücher-Ausrüstung-Reisen
Hohenzollernstr. 93, 80796 München
Tel 089/2711350, Fax 089/2714599
● Därr Expeditionsservice GmbH
Theresienstr. 66, 80333 München
Tel 089/282032, Fax 089/282525
Service@daerr.de, www.daerr.de
Spezialgebiet: Fliegerkarten,
sowjetische Generalstabskarten
● Geobuch, Geographische
Buchhandlung
Rosental 6, 80331 München
Tel 089/265030, Fax 089/263713
geobuch@t-online.de

Nürnberg
● Hugendubel Nürnberg
Ludwigsplatz 1, 90403 Nürnberg
Tel 0911/2362125, Fax 0911/2362112
Spezialgebiet: Franken

Anhang

Regensburg
● Pustet, Gesandtenstr. 6-8
Tel 0941/569722, Fax 0941/569736

Stuttgart
● Buchhandlung Wittwer, Königstr. 30
Tel 0711/2507170, Fax 0711/2507193
● Woick Versand-Team
Postfach 134301, 70774 Filderstadt
www.woick.de

Trier
● Akademische Buchhandlung
Fleischstr.62,
Tel 0651/9799285, Fax 0651/9799290
info@interbook.de, www.interbook.de

Tübingen
● Osiandersche Buchhandlung
Wilhelmstraße 12, 78074 Tübingen
Tel 07071/9201-0, Fax 07071/920192

Wien
● freytag & berndt reisebuchhandlung
Kohlmarkt 9, A-1010 Wien
Tel 0043-1/5338685,
Fax 0043-1/5338685-86
Shop@freytagberndt.at,
www.freytagberndt.at
● Reisebuchladen, Kolingasse 6
Tel 01/3173384, Fax 01/3198064

Wiesbaden
● Landkartenhaus und
Buchhandlung Angermann,
Mauergasse 21, 65183 Wiesbaden
Tel 0611/376061, Fax 0611/300385
www.landkartenhaus.de (in Vorbereitung)

Wuppertal
● Buchhandlung Baedeker,
Geographische Buchhandlung
Friedrich-Ebert-Str. 31,
42103 Wuppertal

Tel 0202/305011, Fax 0202/316344
www.buchkatalog.de/baedeker

Zürich
● Travel Book Shop, Rindermarkt 20
Tel 01/2523883, Fax 01/2523832

GPS-Geräte

● **Garmin:** GPS GmbH,
Lochhamer Schlag 5a, 82166 Gräfeling,
Tel. 089/858364-42, Fax 089/858364-
44, kdaerr@gps-nav.de, ww.garmin.de

● **Lowrance:** Becker Technik,
Werkstraße 8, 22880 Wedel,
Tel. 04103/84074, Fax 04103/15089,
becker-technik@business-web.de,
www.lowrance.com

● **Magellan:** Ferropilot GmbH,
Siemensstraße 35, 25462 Rellingen,
Tel. 04101/301-01, Fax 04101/301333,
post@ferropilot.de,
www.magellangps.com

● **Silva:** Onneken Meß- und Prüftechnik, Postfach 1480, 61365 Friedrichsdorf, Tel. 06172/78061-63,
Fax 06172/778370,
onneken-d-dorf@t-online.de

Kartenlesegeräte

● **Navimap:** Onneken Meß- und Prüftechnik, Postfach 1480, 61365 Friedrichsdorf, Tel. 06172/78061-63,
Fax 06172/778370

● **Yeoman:** Därr GPS Gesellschaft,
Lochhamer Schlag 5a,
D-82166 Gräfelfing,
Tel. 089/858364-0, Fax 089/858364-44

Kompasse

- **Silva**: Onneken Meß- und Prüftechnik, Postfach 1480, 61365 Friedrichsdorf, Tel. 06172/78061-63, Fax 06172/778370

- **Eschenbach**: Eschenbach Optik GmbH, Postfach 1758, 90491 Nürnberg;
- **Eschenbach** Optik, Badener Str. 565, CH-8048 Zürich
- **Eschenbach** Optik, Jaxstraße 9, A-4020 Linz

- **Recta**: C.Jul. Herbertz GmbH, Mangenberger Str. 334-336, D-42655 Solingen, Tel. 0212/203032-34, Fax 0212/208 763, cjherbertz@wtal.de
Recta AG, Viaduktstr. 3, CH-2502 Biel, Tel. (0041) 32/ 3284060, Fax 3284069, recta@bluewin.ch

- **Suunto**: Scandic Outdoor, Zum Sportplatz 6, 21220 Seevetal
- **Suunto**, Juvan Teollisuuskatu 8, SF-02920 Espoo, Tel. (00358) 9/ 8524050, Fax 85240592, info@suunto.fi

Höhenmesser und andere Geräte

- **Thommen**: Revue Thommen AG, CH-4437 Waldenburg, Tel. (0041) 61/ 9652 222, Fax 9618171

- **Huger Electronics**: Niederwiesenstr. 28, 78050 VS-Villingen, Tel. 07721/200 380, Fax 3683, sales@huger.de, www.huger.de

- **Onneken Meß- und Prüftechnik:** Postfach 1480, 61365 Friedrichsdorf, Tel. 06172/78061-63, Fax 06172/778370

- **C.Jul. Herbertz GmbH:** Mangenberger Str. 334-336, 42655 Solingen, Tel. 0212/203032-34, Fax 0212/208 763, cjherbertz@wtal.de

Orientierungskurse (Karte, Kompass, GPS)

- **Meridian Wildnisschule:** Rafael Ziani, Murzlenstr. 62, CH-8166 Niederweningen, Tel. +41 1 875 1515 und -1525, Fax 1520, www.wildnis.ch

Anhang

Sinus- und Tangens-Tabellen

Grad	sin	tan		Grad	sin	tan	
0	0,0000	0,0000	90	26	0,4384	0,4877	64
1	0,0175	0,0175	89	27	0,4540	0,5095	63
2	0,0349	0,0349	88	28	0,4695	0,5317	62
3	0,0523	0,0524	87	29	0,4848	0,5543	61
4	0,0698	0,0699	86	30	0,5000	0,5774	60
5	0,0872	0,0875	85	31	0,5150	0,6009	59
6	0,1045	0,1051	84	32	0,5299	0,6249	58
7	0,1219	0,1228	83	33	0,5446	0,6494	57
8	0,1392	0,1405	82	34	0,5592	0,6745	56
9	0,1564	0,1584	81	35	0,5736	0,7002	55
10	0,1736	0,1763	80	36	0,5878	0,7265	54
11	0,1908	0,1944	79	37	0,6018	0,7536	53
12	0,2079	0,2126	78	38	0,6157	0,7813	52
13	0,2250	0,2309	77	39	0,6293	0,8098	51
14	0,2419	0,2493	76	40	0,6428	0,8391	50
15	0,2588	0,2679	75	41	0,6561	0,8693	49
16	0,2756	0,2867	74	42	0,6691	0,9004	48
17	0,2924	0,3057	73	43	0,6820	0,9325	47
18	0,3090	0,3249	72	44	0,6947	0,9657	46
19	0,3256	0,3443	71	45	0,7071	1,0000	45
20	0,3420	0,3640	70	46	0,7193	1,036	44
21	0,3584	0,3839	69	47	0,7314	1,072	43
22	0,3746	0,4040	68	48	0,7431	1,111	42
23	0,3907	0,4245	67	49	0,7547	1,150	41
24	0,4067	0,4452	66	50	0,7660	1,192	40
25	0,4226	0,4663	65	51	0,7771	1,235	39
	cos	cot	Grad		cos	cot	Grad

Grad	sin	tan		Grad	sin	tan	
52	0,7880	1,280	38	78	0,9781	4,705	12
53	0,7986	1,327	37	79	0,9816	5,145	11
54	0,8090	1,376	36	80	0,9848	5,671	10
55	0,8192	1,428	35	81	0,9877	6,314	9
56	0,8290	1,483	34	82	0,9903	7,115	8
57	0,8387	1,540	33	83	0,9925	8,144	7
58	0,8480	1,600	32	84	0,9945	9,514	6
59	0,8572	1,664	31	85	0,9962	11,43	5
60	0,8660	1,732	30	86	0,9976	14,30	4
61	0,8746	1,804	29	87	0,9986	19,08	3
62	0,882	1,881	28	88	0,9994	28,64	2
63	0,8910	1,963	27	89	0,9998	57,29	1
64	0,8988	2,050	26	90	1,0000	∞	0
65	0,9063	2,145	25				
66	0,9135	2,246	24				
67	0,9205	2,356	23				
68	0,9272	2,475	22				
69	0,9336	2,605	21				
70	0,9397	2,747	20				
71	0,9455	2,904	19				
72	0,9511	3,078	18				
73	0,9563	3,271	17				
74	0,9613	3,487	16				
75	0,9659	3,732	15				
76	0,9703	4,011	14				
77	0,9744	4,331	13				
	cos	cot	Grad		cos	cot	Grad

Anhang

Anhang

PROGRAMMÜBERSICHT

REISE KNOW-HOW Bücher werden von Autoren geschrieben, die Freude am Reisen haben und viel persönliche Erfahrung einbringen. Sie helfen dem Leser, die eigene Reise bewußt zu gestalten und zu genießen. Wichtig ist uns, daß der Inhalt nicht nur im reisepraktischen Teil „Hand und Fuß" hat, sondern daß er in angemessener Weise auf Land und Leute eingeht. Die Reihe REISE KNOW-HOW soll dazu beitragen, Menschen anderer Kulturkreise näher zu kommen, ihre Eigenarten und ihre Probleme besser zu verstehen. Wir achten darauf, daß jeder einzelne Band gemeinsam gesetzten Qualitätsmerkmalen entspricht. Um in einer Welt rascher Veränderungen laufend aktualisieren zu können, drucken wir bewußt kleinere Auflagen.

EDITION RKH

Welt

Europa

Europa

PROGRAMMÜBERSICHT

Europa

Skandinavien - der Norden
ISBN 3-89416-653-3
Toscana
ISBN 3-89416-664-9
Tschechien
ISBN 3-89416-600-2
Warschau/Krakau
ISBN 3-89416-209-0
Wien
ISBN 3-89416-213-9

SACHBÜCHER:
Die Sachbücher vermitteln KNOW-HOW rund ums Reisen: Wie bereite ich mich für eine Motorrad- oder Fahrradtour vor? Welche goldenen Regeln helfen mir, unterwegs gesund zu bleiben? Wie komme ich zu besseren Reisefotos? Wie sollte eine Sahara-Tour vorbereitet werden? In der Sachbuchreihe von REISE KNOW-HOW geben erfahrene Vielreiser Antworten auf diese Fragen und helfen mit praktischen, auch für Laien verständlichen Anleitungen bei der Reiseplanung.

RAD & BIKE:
REISE KNOW-HOW RAD & BIKE sind Radführer von lohnenswerten Reiseländern bzw. Rad reise-Stories von außergewöhnlichen Radtouren durch außereuropäische Länder und Kontinente. Die Autoren sind entweder bekannte Biketouren-Profis oder „Newcomer", die mit ihrem Bike in kaum bekannte Länder und Regionen vorstießen. Wer immer eine Fern-Biketour plant - oder nur davon träumt - kommt an unseren RAD & BIKE-Bänden nicht vorbei!

Deutschland

Hauptstadt Berlin mit Potsdam
ISBN 3-89416-688-6
Insel Borkum
ISBN 3-89416-632-0
Insel Fehmarn
ISBN 3-89416-683-5
Harz/Ost
ISBN 3-89416-228-7
Harz/West
ISBN 3-89416-227-9
Insel Langeoog
ISBN 3-89416-684-3
Mecklenburg/Brandenburg
Wasserwandern
ISBN 3-89416-221-x
Mecklenburg/Vorp. Binnenland
ISBN 3-89416-615-0
München
ISBN 3-89416-672-x
Insel Norderney
ISBN 3-89416-652-5
Nordfriesische Inseln
ISBN 3-89416-601-0
Nordseeinseln
ISBN 3-89416-197-3
Nordseeküste Niedersachsens
ISBN 3-89416-603-7
Ostdeutschland individuell
ISBN 3-89662-480-6
Ostfriesische Inseln
ISBN 3-89416-602-9
Ostseeküste Mecklenburg-Vorpom.
ISBN 3-89416-184-1
Ostseeküste Schleswig-Holstein
ISBN 3-89416-631-2
Rügen und Hiddensee
ISBN 3-89416-654-1
Sächsische Schweiz
ISBN 3-89416-630-4
Schwarzwald
ISBN 3-89416-611-8
Schwarzwald/Nord
ISBN 3-89416-649-5
Schwarzwald/Süd
ISBN 3-89416-650-9
Insel Sylt
ISBN 3-89416-682-7
Thüringer Wald
ISBN 3-89416-651-7

Afrika

Agadir, Marrakesch
und der Süden Marokkos
ISBN 3-89662-072-x
Ägypten individuell
ISBN 3-89662-470-9
Äthiopien
ISBN 3-89662-043-6
Bikeabenteuer Afrika (RAD & BIKE)
ISBN 3-929920-15-8
Durch Afrika
ISBN 3-921497-11-6
Kairo, Luxor, Assuan
ISBN 3-89662-460-1
Kamerun
ISBN 3-89662-032-0
Libyen
ISBN 3-89662-005-3
Madagaskar, Seychellen,
Mauritius, Réunion, Komoren
ISBN 3-89662-062-2
Marokko
ISBN 3-89662-081-9
Namibia
ISBN 3-89662-321-4
Simbabwe
ISBN 3-89662-026-2
Tansania Handbuch
ISBN 3-89662-048-7
Tunesien
ISBN 3-921497-74-4
Tunesiens Küste
ISBN 3-89662-076-2
Westafrika - Küstenländer
ISBN 3-89662-002-9
Westafrika - Sahel
ISBN 3-89662-001-0

Praxis

Kanu-Handbuch
ISBN 3-89416-725-1
Wildnis-Ausrüstung
ISBN 3-00416-750-5
Wildnis-Küche
ISBN 3-89416-751-3

Anhang

PROGRAMMÜBERSICHT

Asien

Auf nach Asien (RAD & BIKE)
ISBN 3-89662-301-x
Bali & Lombok mit Java
ISBN 3-89416-645-2
Bali: Ein Paradies wird erfunden
ISBN 3-89416-618-5
Bangkok
ISBN 3-89416-655-x
China Manual
ISBN 3-89416-626-6
China, der Norden
ISBN 3-89416-229-5
Chinas Osten mit Bejing
und Shanghai
ISBN 3-89416-680-0
Emirat Dubai
ISBN 3-89662-094-0
Hongkong, Macau u. Kanton
ISBN 3-89416-235-x
Indien, der Norden
ISBN 3-89416-223-6
Israel, palästinensische Gebiete,
Ostsinai
ISBN 3-89662-451-2
Jemen
ISBN 3-89662-009-6
Jordanien
ISBN 3-89662-452-0
Kambodscha
ISBN 3-89416-233-3
Komodo/Flores/Sumbawa
ISBN 3-89416-060-8
Ladakh und Zanskar
ISBN 3-89416-176-0
Laos
ISBN 3-89416-637-1
Malaysia
mit Singapur und Brunei
ISBN 3-89416-640-1
Mongolei
ISBN 3-89416-217-1
Myanmar (Burma)
ISBN 3-89662-600-0
Nepal-Handbuch
ISBN 3-89416-668-1
Oman
ISBN 3-89662-100-9
Phuket (Thailand)
ISBN 3-89416-182-5
Rajasthan
ISBN 3-89416-616-9

Asien

Singapur
ISBN 3-89416-656-8
Sri Lanka
ISBN 3-89416-170-1
Sulawesi (Celebes)
ISBN 3-89416-635-5
Taiwan
ISBN 3-89416-693-2
Thailand Handbuch
ISBN 3-89416-675-4
Thailand: Tauch- und Strandführer
ISBN 3-89416-622-3
Thailands Süden mit Bangkok
ISBN 3-89416-662-2
Tokyo
ISBN 3-89416-206-6
Vereinigte Arabische Emirate
ISBN 3-89662-022-3
Vietnam-Handbuch
ISBN 3-89416-661-7

Amerika

Argentinien/Urug./Parag.
ISBN 3-89662-051-7
Atlanta & New Orleans
ISBN 3-89416-230-9
Barbados
ISBN 3-89416-639-8
Canada Ost/USA Nord-O
ISBN 3-89662-151-3
Canadas Westen mit Alaska
ISBN 3-89662-157-2
Chile & Osterinseln
ISBN 3-89662-054-1
Costa Rica
ISBN 3-89416-641-x
Dominikanische Republik
ISBN 3-89416-643-6
Ecuador/Galapagos
ISBN 3-89662-055-x
Guatemala
ISBN 3-89416-214-7
Hawaii
ISBN 3-89416-696-7
Honduras
ISBN 3-89416-666-5
Kolumbien
ISBN 3-89662-058-4

Amerika

Lateinamerika BikeBuch
ISBN 3-89662-302-8
Mexiko
ISBN 3-89662-310-9
New Orleans
ISBN 3-89416-686-x
New York City
ISBN 3-89416-687-8
Panama
ISBN 3-89416-671-1
Peru/Bolivien
ISBN 3-89662-330-3
Radabenteuer Panamericana
(RAD & BIKE)
ISBN 3-929920-13-1
San Francisco
ISBN 3-89416-232-5
St. Lucia, St. Vincent, Grenada
ISBN 3-89416-624-8
Trinidad und Tobago
ISBN 3-89416-638-x
USA/Canada
ISBN 3-89662-170-x
USA/Canada Bikebuch (RAD & BIKE)
ISBN 3-929920-17-4
USA mit Flugzeug und Mietwagen
ISBN 3-89662-150-5
USA, Gastschüler in den
ISBN 3-89662-163-7
USA für Sportfans
ISBN 3-89416-633-9
USA - Südwest
Natur- und Wanderführer
ISBN 3-89662-169-6
USA-Westen
ISBN 3-89662-165-3
Venezuela
ISBN 3-89662-040-1

Ozeanien

Neuseeland Campingführer
ISBN 3-921497-92-2
Bikebuch Neuseeland
(RAD & BIKE)
ISBN 3-929920-16-6

Anhang

Register

Anhang

Anhang

DER AUTOR

Rainer Höh, geb. 1955 in einem kleinen Dorf auf der Schwäbischen Alb, ist unter Outdoor-Freunden kein Unbekannter. Nicht wegen spektakulärerer Unternehmungen, denn Erstbegehungen, Routenbezwingungen und dergleichen Extremleistungen waren nie seine Sache. Ihm ging es immer mehr um das Draußensein und das Naturerlebnis. Daß er dabei immer wieder auch mit extremeren Verhältnissen fertig werden mußte, liegt in der Natur der Sache, war aber nie Selbstzweck.

OUT-086 Foto: rh

Schon während der Schulzeit zog es ihn jeden Sommer zu ausgedehnten Wanderungen nach Lappland. Danach folgten Schneeschuh-Touren in Mitteleuropa und Lappland, dann Wanderungen, Kanutouren und Floßreisen in Kanada und Alaska – später auch eine Winterreise. An einem Nebenfluß des Yukon nahe der alaskanischen Grenze baute er 1979 eine Blockhütte, in der er als Einsiedler hauste, bis der Grizzly kam. Danach begann er die Erfahrungen seiner Wildnisreisen in Buchform zusammenzufassen. Zunächst erschienen die Sachbücher Survival, Rucksack-Küche und Winterwandern, die das vorliegende Buch in aktualisierter Form zusammenfaßt, dann Reiseberichte über die Floßfahrt, über seine Blockhüttenzeit und über eine Hundeschlittenreise vom Polarkreis bis nach München. Er gründete ein Reiseunternehmen für Nordlandtouren und führte einige Jahre lang Gruppen auf Wildnistouren in Kanada und Alaska.

Heute lebt er mit Frau und drei Kindern wieder auf der Alb und verdient seine Brötchen als Reisejournalist, Fotograf, Übersetzer und Buchautor. So erschienen von seiner Hand in dieser Reihe auch die Bände Wildnis-Ausrüstung, Wildnis-Küche und Kanu-Handbuch.

Und in seinem Garten hat er – ganz echter Schwabe – inzwischen wieder ein Blockhäusle gebaut.